四川三农新闻作品选

2019—2020

四川省农业宣传中心　编

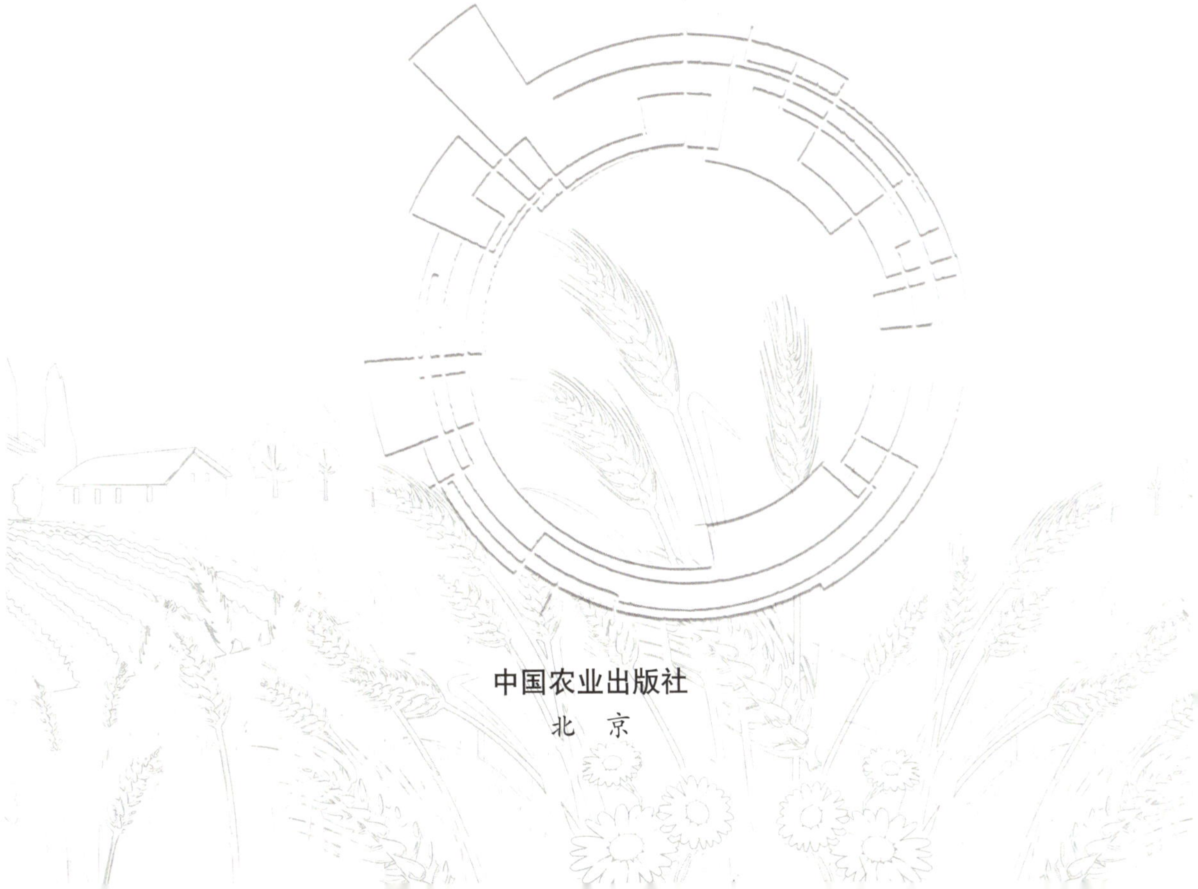

中国农业出版社
北　京

目录

CONTENTS

• 2019 •

• 2020 •

2019

四川省委农村工作会议暨全省农村人居环境整治工作推进大会召开

刊播：《四川日报》（2019年1月24日）

作者：钟振宇　王成栋

1月23日，四川省委农村工作会议暨全省农村人居环境整治工作推进大会在成都召开。会议深入学习贯彻习近平总书记关于“三农”工作的重要论述，认真落实中央农村工作会议精神及全国深入学习浙江“千万工程”经验，全面落实农村人居环境整治会议精神和四川省委部署要求，总结工作，部署当前和今后一个时期“三农”工作重点任务。四川省委副书记、省委农村工作领导小组组长邓小刚出席会议并讲话。

会议强调，习近平总书记关于“三农”工作的重要论述和重要指示批示精神，深刻洞察我国农村历史变迁进程，准确把握我国农业农村发展的客观规律，科学回答了农村改革发展稳定的一系列方向性、根本性、战略性问题，是我们的行动指南和根本遵循，必须用于指导全省“三农”实践的全过程。要增强“四个意识”，坚定“四个自信”，坚决做到“两个维护”，不折不扣落实中央和省委各项决策部署，对标全面建成小康社会必须完成的硬任务，坚决打赢脱贫攻坚战，推动乡村振兴战略在巴蜀大地落地生根、开花结果。要带头毫不放松抓好粮食生产，实施“藏粮于地、藏粮于技”战略，坚决守住耕地红线，为确保粮食安全作出四川贡献。要实施川猪振兴行动，抓好抓实非洲猪瘟疫情防控，促进生猪产业转型升级。要大力推进“美丽四川·宜居乡村”建设，全面抓好农村人居环境整治三年行动，扎实推进垃圾治理、污水处理、村庄清洁、“厕所革命”等重点任务，坚决打好实施乡村振兴战略的第一仗。要按照“巩固、增强、提升、畅通”八字方针，深化农业供给侧结构性改革，以现代农业园区为载体，以全面深化农村改革为根本动力，大力培育“川字号”优势特色产业，推进农业高质量发展。要加快培育新型职业农民队伍，积极引导农民返乡创业，促进农民全面发展。要加强党对“三农”工作的全面领导，落实“五级书记”抓乡村振兴的重要要求和“四个优先”的政策导向，加强党的基层组织建设，培育懂农业、爱农村、爱农民的高素质“三农”工作队伍，推动全省农村工作取得新进展、新成效，以优异成绩迎接中华人民共和国成立70周年。

会议通报了省级“四好村”名单，表扬了2018年度全省“三农”工作先进县、全省农民增收工作先进县和重大农村改革任务推进示范县。四川省委农办（全称四川省委农村工作领导小组办公室）和农业农村厅、省发改委（全称四川省发展和改革委员会）、住建厅（全称四川省住房和城乡建设厅）、生态环境厅、财政厅、省委组织部、省纪委监委（全称中共四川省纪律检查委员会、四川省监察委员会）等部门作交流发言。

四川省领导曲木史哈主持会议，尧斯丹对2019年工作作具体安排部署，杨洪波、李云泽、祝春秀出席会议。

乡村振兴春潮涌动

刊播：《四川日报》（2019年2月13日）
作者：李淼　樊邦平　侯冲

“赖孃孃，我要这双！”2月12日下午，一辆旅游大巴在成都市郫都区战旗村村口广场刚停稳，游客们便直奔位于“乡村十八坊”的“唐昌布鞋坊”抢购。

鞋坊主人赖淑芳记忆犹新：2018年2月12日，习近平总书记来到战旗村，在“精彩战旗”特色产业在线服务大厅的唐昌布鞋展区买走一双布鞋。从此，赖淑芳的唐昌布鞋名气越来越大，仅去年就卖了6 000多双，是往年的2倍。

被带火的不止唐昌布鞋。来川视察期间，习近平总书记强调，着力实施乡村振兴战略，把四川农业大省这块金字招牌擦亮，加快实现由农业大省向农业强省跨越。重要指示鼓舞着巴蜀儿女。1年来，四川省委、省政府深入学习贯彻习近平总书记对四川工作系列重要指示精神，把实施乡村振兴战略作为新时代做好“三农”工作的总抓手，统筹推动乡村“五个振兴”，打好精准脱贫攻坚战，乡村振兴取得新进展、新成效。

此刻，巴蜀大地上，油菜花的金色浪潮正从南向北漫卷，又一个春天到来。

春天在“网红村”的自信里。去年，战旗村接待游客65万人次。“5年之内，村集体经济要达到1 000万元。”战旗村党总支书记高德敏定下小目标。

春天在贫困老乡的笑容里。“感谢党的好政策。”2月11日，习近平主席在2019年新年贺词中牵挂的凉山贫困户吉好也求搬进了新家。打量着崭新的沙发、电视和厨房，吉好也求按捺不住内心的喜悦。

春天在返乡农民工的梦想里。“不走了！”感受到身边高涨的创业热潮，又听说在当地创业还有奖励，中江县永丰乡农民工彭仕中作出决定，告别大城市，扎根故乡当果农。

春天在农民的诗歌里。“城里人争相来租房，开酒吧办讲堂，体验采鲜又观光，乡坝头天天像赶场，幸福的农民喜洋洋。”面向来家里参观的一队游客，德阳市罗江区鄢家镇星光村农民诗人龙敦仁高声朗诵自己刚写的诗。

巴蜀沃土上，越来越美丽的乡村，正成为人们向往的“诗和远方”。

牢记嘱托，绘就蓝图

构建起乡村振兴制度“四梁八柱”

把四川农业大省这块金字招牌擦亮。习近平总书记出了题，这份田野上的考卷该如何作答？

与大地贴得越近，才能望得更远。去年，在“大学习、大讨论、大调研”活动中，四川省委确定22个重点课题，乡村振兴正是其一。12个专项小组“一竿子插到底”，摸家底、查不足、找路径、提举措，形成近3万字报告，为乡村振兴蓝图擘画提供依据。

作为事关长远的系统工程，乡村振兴这盘大棋应在何处落子？

思定而后谋动。随后召开的四川省委十一届三次全会高位谋划，强调把实施乡村振兴战略摆在优先位置，并对推进重点突破进行部署。

参观崇州农商文旅体融合发展产业园，考察蒲江明月国际陶艺村，探访新津中国天府农业博览园……去年9月3日，全省乡村振兴大会拉开大幕。14位省领导带队，40多位省直部门负责人，21个市（州）、183个县（市、区）“一把手”深入考察成都7个点位，向“先行者”取经。9月4日，全省乡村振兴大会第二阶段会议在成都召开。大会以电视电话会议形式召开，省、市、县、乡、村五级干部共6万余人参加。大会将中央、省委部署落地到基层一线，对“五个振兴”作出具体安排。这个规格、规模、方式都刷新了近年来全省“三农”工作新纪录的大会，全面吹响了实施乡村振兴战略的号角。“这是一场头脑大风暴，知道跟谁对标了。”“这是一次思想大统一，晓得往哪使劲了。”与会者形成共识。

会后不久，《四川省乡村振兴战略规划（2018—2022年）》印发，部署了18类重大工程、重大计划、重大行动，成为纲领性文件。《四川省实施乡村振兴战略考评激励办法（试行）》紧跟着出台，确定每年评定实施乡村振兴战略工作先进县（市、区）10个、先进乡（镇）50个、示范村500个，仅对先进县（市、区）就一次性给予6 000万元财政资金补助，并在用地指标、干部任用等多方面给予政策倾斜。为抓住现代农业发展“牛鼻子”，打好乡村振兴第一仗，《四川省现代农业园区建设考评激励方案》《“美丽四川·宜居乡村”推进方案（2018—2020年）》相继出炉，为产业兴旺载体打造和人居环境治理制定路线图、时间表。至此，四川省构建起实施乡村振兴战略“四梁八柱”的制度框架和政策体系。

党政一把手挂帅，所有部门和重点乡、村参与，全面梳理资源特色……身肩重任的宜宾市叙州区，以前所未有的力度，加紧冲刺产业发展、党建等“1+7+23”规划体系编制完善工作。这不仅是该区未来乡村振兴的指南，也将为其他地区提供样本。

乡村振兴，规划先行。去年出台的四川省委1号文件中，首次将“坚持规划先行”单列，并置于“重大意义”部分之后，作为首要工作。去年4月，四川省委的一间会议室内，来自成都市新津区、宜宾市叙州区等地的党政“一把手”们神情严肃，答辩陈词——这是为比选乡村振兴规划试点县展开的终极PK。去年5月，四川省在全国率先启动县域乡村振兴规划试点，22个试点县和30个试点镇探索建立城乡融合、多规合一的“1+6+N”县域规划体系，从规划机制上为全省探路。

财政保障政策机制全面构建。去年中央和省级财政农业专项资金投入435.4亿元，同比增长13.7%。四川省还探索建立乡村振兴贷款风险补偿金制度，撬动银行新增农业产业发展贷款500亿元以上，推动新型农业经营主体加大投入1 500亿～2 000亿元。

锁定重点，深化改革
推动乡村“五个振兴”良好开局

三分部署，七分落实。乡村振兴离不开实干，四川省锁定重点工程，精准突破。

产业兴旺是基础。四川省坚持把发展现代农业作为实施乡村振兴战略的重中之重，念好“优、绿、特、强、新、实”六字经，持续深入瞄准农业供给侧发力。

“又投了200万元。”去年春耕时节，种了36年粮的广汉农民黄明水果断追加投入，购入植保无人机等新“武器”。1年下来，粮食比往年收得多，种粮赚了40多万元。

四川省始终把保障粮食安全作为“三农”头等大事，去年新启动60个县粮食生产功能区和重要农产品生产保护区划定工作，粮食总产量重新跃上350亿公斤*台阶，推广种植900万亩**“稻香杯”优质稻米品种。

田里的粮在“转型”，山上的竹也在“变脸”。四川省召开竹产业高质量发展推进会，印发《关于推进竹产业转型发展的意见》。去年，全省竹业总产值超350亿元，竹农人均竹业收入突破800元，漫山竹林不仅成为“风景线”，更变成“摇钱树”。

去年，四川省敲定川粮油、川茶、川竹及现代农业种业等现代农业“10+3”产业体系，为产业兴旺定下方向。从何处突破？现代农业产业园区这个核心载体被锁定。

“萝卜的市场价每吨跌了20元，我们的照样卖400元。”眉山市东坡区崇礼镇农民巫志祥很自信。他的自信来源于眉山市东坡区现代农业产业园。不久前，该产业园被认定为国家现代农业产业园。该产业园去年“发酵”出165亿元产值，所产泡菜占全国泡菜市场1/3份额。

去年7月，随着苍溪入围国家现代农业产业园创建名单，“川籍”国家级农业园区达4个，居全国第1。四川省还分层级创建现代农业产业融合示范园200个、国家农业产业和示范基地13个、全国“一村一品”示范村镇123个，数量为西部地区第1。

围着园区唱大戏。去年，四川省突出培育食品饮料万亿级产业，农产品加工业增速保持在10%以上；休闲农业综合经营收入达1 500亿元；累计培育“三品一标”产品5 320个，稳居全国前列、西部地区第1。去年12月27日，一列满载猕猴桃等“川字号”农产品的中欧班列（成都）向荷兰蒂尔堡

* 公斤为非法定计量单位，1公斤=1千克。——编者注

** 亩为非法定计量单位，1亩≈0.067公顷。——编者注

市进发，成为持续擦亮农业大省金字招牌的新注脚。

跟产业一起融入沃野的，还有越来越干净整洁的新村。四川省启动实施村庄清洁、“厕所革命”等五大行动，还乡村一片净土，让绿水青山早日变金山银山。为让新村更美更和谐，地处彝、藏、汉等民族杂居山区的石棉县掀起“厕所革命”，6 000户农家卫生厕所完成改造。“欢迎来我家上厕所”成为该县栗子坪乡公益村毛珍芳的口头禅。凭借干净美丽的“颜值”，去年德阳市罗江区鄢家镇星光村最多1天内迎来50辆大巴2 500名游客……农村人居环境整治这项民心工程，正让更多农民群众的获得感大大提升。

聚焦乡村产业振兴、人才振兴、文化振兴、生态振兴、组织振兴，四川省创新不断：在劳务输出大县建立乡贤信息库，壮大人才队伍；举办“农民丰收节”，开发民俗文化产品，让乡村文化留得住、传下去；向软弱涣散村党组织派出第一书记，让基层堡垒强起来……

改革让振兴“底火”越烧越旺。去年，30个县试点城乡融合发展综合改革；15项国家级农村改革试验区成果转化为中央文件政策举措，居全国第1；以农村产权制度改革为突破口，除三州和雅安外，全省农村家底基本摸清。去年12月，广汉市向阳镇荣升社区股份经济合作联合社获颁首张农村集体经济组织“身份证”，这让理事长李方贵信心倍增。“2019年集体‘蛋糕’要做大到40万元。”

重点谋突破，改革添活力，巴蜀乡村振兴实现良好开局。鼓起的荷包成力证：去年全省农村居民人均可支配收入13 331元，同比名义增长9%，连续9年高于全省城镇居民和全国农民人均可支配收入增幅，城乡居民收入比缩小到2.5 ∶ 1以内。

尽锐出战，鏖战深贫

把脱贫攻坚作为乡村振兴优先任务

“感谢领导们鼎力帮扶伟绩，不忘共产党脱贫攻坚大恩”；横批“光荣脱贫”。今年春节，江安县蟠龙乡铁坎村贫困户刘可彬将手写的春联贴在易地扶贫搬迁的新家门上，引来村民点赞。

习近平总书记强调，打好脱贫攻坚战是实施乡村振兴战略的优先任务。

贫困村和所在县（乡）当前的工作重点就是脱贫攻坚，要保持目标不变、靶心不散、频道不换。

到2017年年底，四川省还有68个贫困县、5 295个贫困村和171万农村贫困人口，而且剩下的都是最难啃的“硬骨头”。该如何攻坚？

去年以来，四川省委、省政府坚持把脱贫攻坚作为最大的政治责任、最大的民生工程、最大的发展机遇，“五级书记”抓脱贫，社会各界齐助力，5.9万多名驻村帮扶干部奋战一线，尽锐出战，形成冲刺的决战态势。

前有川人千年传承蜀绣技艺，今有四川扶贫人继续精细“绣花”。

精准绘制蓝图。四川省制定出台打赢脱贫攻坚战三年行动实施意见，提出“4类支撑政策”“6项保障措施”，相继打响春季攻势、夏季战役、秋季攻坚和冬季冲刺。

精准锁定区域。四川省聚焦彝区、藏区等深度贫困地区，尤其是牢牢抓住凉山彝区这个影响全省夺取脱贫攻坚全面胜利的控制性因素。四川省委书记彭清华先后4次赴凉山彝区调研深贫问题，四川省委、省政府半年内在西昌召开两次专门会议，再动员、再部署，以最大的决心、最实的举措、最严的标准、最有力的行动集中发力。

为了帮助大凉山彝区老乡脱贫，四川省出台12个方面34条政策，明确16条具体工作措施，3年新增帮扶资金超200亿元。5 700多名综合帮扶工作队员从四面八方赶来，与贫困户一起想办法、找出路。

喜德县红莫镇特合村第一书记刘骥带着患病的七旬老母亲驻村帮扶；“90后”夫妻蒋超、肖泓玲同在越西县瓦曲觉乡帮扶，两人约定2020年年底实现全面小康后再补办婚礼。

精准创新举措。这几天，一则大凉山苦荞茶公益广告在央视热播。去年，四川省在全国首创“四川扶贫”公益性集体商标，推动贫困地区农产品进市场、进商超、进机关等，着力解决销售难题。去年，“四川扶贫”产品到广东、北京等地推介，让更多人认识了“四川扶贫”产品。税收政策助力，去年以来四川省共兑现“扶贫保”保费收入免征增值税等74.19亿元。

精准借助力量。去年，广东、浙江两省17市61县与四川省68个贫困县建立结对关系，落实到位财政援助资金26.34亿元，较2017年增幅达360%。7.5万户民营企业和商协会参与四川“万企帮万村”行动，结对帮扶数量为全国第1；“中国社会扶贫网”新增注册100.2万人（户），各方助贫力量已成磅礴之势。

去年，全省减贫104万人，30个计划摘帽县达验收标准，交出满意答卷。

脱贫的不仅是口袋，还有脑袋。“别人管得了一时，管不了一世，脱贫还得靠自己！”腿有残疾的马边彝族自治县双河村村民周贤富，去年坚持参加29场巡回演讲，用自己的故事鼓舞老乡昂首向贫困“宣战”。

春天，我们的梦想拔节生长。春天再出发，我们不等不靠，撸起袖子加油干，共赴巴蜀乡村全面振兴的美丽之约。

擦亮农业大省金字招牌

刊播：《农民日报》（2019年2月18日）
作者：张艳玲

四川是农业大省，也是脱贫攻坚任务最艰巨的地区之一。2017年3月8日，习近平总书记在参加十二届全国人大五次会议四川代表团审议时，就农业供给侧结构性改革、脱贫攻坚等提出了要求。“四川农业大省这块金字招牌不能丢，要带头做好农业供给侧结构性改革这篇大文章，推进由农业大省向农业强省跨越。”总书记殷殷嘱托。

四川省委书记彭清华多次表示，习近平新时代中国特色社会主义思想“四川篇”，既是做好四川工作的根本指针，也为我们提出了实践课题。总书记出了题，我们就要答好卷。要把总书记为四川发展作出的总体擘画一步一步变为现实，四川确定了怎样的路径？取得了哪些突破？记者进行了采访。

六方面着力深入实施乡村振兴战略

全国人大代表、西充县锦泰专业合作社理事长李晓华还清晰地记得，3月8日那天，人民大会堂东大厅内，她与习近平总书记同坐一排共商国是，农业是会上的一个热点。

曾几何时，四川用不到1/16的耕地面积，提供了全国1/10人口的粮食，农作物总播面积、畜牧业产值曾居全国之冠，“粮猪安天下，天府实名归”。然而，进入21世纪，与工业化、城镇化大力推进的速度、力度相比，四川现代农业建设日渐成为“四化同步”发展的“短板”。

“四川农业大省这块金字招牌不能丢”，总书记的殷殷嘱托为四川新阶段改革发展掷下了“定盘星”。2018年4月12—14日，全省市（厅）级主要领导干部学习贯彻习近平新时代中国特色社会主义思想和习近平总书记对四川工作重要指示精神读书班在成都举行。彭清华在开班式上作主题报告，他指出要深化省情认识，深入研究思考事关治蜀兴川全局的若干重大问题，其中如何抓好乡村振兴和民生改善是重要内容。

2018年9月，四川省召开全省乡村振兴大会。彭清华在会上再次强调，全省各级党委、政府和广大党员要深刻认识实施乡村振兴战略是决胜全面建成小康社会的必然要求，是着力解决四川城乡发展不平衡、不充分问题的治本之策，是推动四川由农业大省向农业强省跨越的根本路径。

如何推进乡村振兴？四川将突出抓好以下6项重点工作：以现代农业园区建设为重点，大力推动产业振兴；深入实施新型职业农民培育工程，大力推动人才振兴；打造四川乡村文化产业品牌，大力推动文化振兴；全域推进“美丽四川·宜居乡村”建设，大力推动生态振兴；全面加强农村基层党组织建设，大力推动乡村组织振兴；聚焦彝区、藏区等深度贫困地区和特殊贫困群众，坚决打赢脱贫攻坚战。

四川是我国农村改革的重要发源地之一。四川省委、省政府进一步提出，要把全面深化农业农村改革贯穿乡村振兴全过程，不断激发“三农”发展动力活力，努力走在全国农业农村改革前列。要盘活开发农村资产资源，以深化农村集体产权制度改革为突破口，全面推进农村资产资源“三权”分置，着力构建城乡融合发展、要素双向合理流动的体制机制新格局。要巩固和完善农村基本经营制度，探索村集体经济的多种实现形式，有条件的地方大力发展适度规模经营，丘陵、山区等要进一步提高家庭经营精细化管理水平。要强化投入保障，创新投融资机制，加快形成财政优先保障、金融重点倾斜、社会积极参与的多元投入格局。

农业农村现代化踏上新征程，“悬崖村”有了新风景

菜籽总产量继续保持全国第1，生猪出栏量全国第1，全国“一村一品”示范村（镇）数量西部第1，“三品一标”农产品数量继续居西部第1，国家级农业产业园总数全国第1，农村居民人均可支配收入增速连续9年高于全省

城镇居民和全国农民人均可支配收入……2019年1月23日召开的四川省委农村工作会议传出一系列好消息。

亮眼的答卷背后是一系列扎实推进的基础性工作：2018年，四川新建冷藏、保鲜、烘干、包装等商品化处理设施1 000座，建设高标准农田400万亩，新增有效灌溉面积105万亩，新（改）建农村公路2.6万千米；农村土地承包经营权确权颁证工作基本完成，农村集体产权制度改革全面启动，4.3万个村完成清产核资；培育省级重点龙头企业达851家，农民专业合作社近10万家，培育新型职业农民4万人。

在全省农业农村现代化迈出坚实步伐的同时，扶贫战线捷报频传。2018年，实现104万贫困人口脱贫、3 513个贫困村退出，30个计划摘帽贫困县达到验收标准。

总书记十分关心四川脱贫攻坚工作。2017年3月8日，习近平总书记在参加第十二届全国人大五次会议四川代表团审议时，还专门问到凉山州“悬崖村”的状况。他动情地说：“看到有关的报道，特别是看着村民们的出行状态，感到很揪心。”2018年2月11日，习近平总书记深入凉山州昭觉县三河村、火普村，考察脱贫攻坚工作，看望彝族群众。

这个让总书记牵挂的“悬崖村”是凉山州昭觉县支尔莫乡阿土列尔村勒尔组，位于海拔约1 400米的悬崖上，与谷底垂直落差近800米。村民外出需要顺着悬崖绝壁攀爬12段218级藤梯，被外界称为“悬崖上的村庄”。

如今，峡谷深处的村庄已经脱胎换骨：牢固结实的2 556级钢梯取代了悬崖绝壁上的12段218级藤梯；通畅的4G信号为原本闭塞的村庄建起了一条信息天路；阿土列尔村小学的老师和孩子们搬进了盼望已久的5层新教学楼；投资800万元的古里拉达营地一期投入运营；试种的600株油橄榄良种苗木已经初挂果……

村民们也开始拥抱新生活：村民某色苏不惹每天要直播三四个小时，在展示“悬崖村”村民攀爬绝技的同时，推介“悬崖村”的土特产，效果很好；陈古吉通过微信朋友圈卖自酿蜂蜜，一年就能卖出3万元；因拥有高超的攀岩技巧，莫色拉博被旅游公司相中，成为一名户外攀岩领队，月收入3 000元……

一场场脱贫攻坚战，在一个个“悬崖村”打响。全国人大代表、凉山州昭觉县庆恒乡庆恒村党支部书记吉克石乌告诉记者，与被媒体报道的“悬崖村”一样，庆恒村也位于大凉山腹地，交通不畅、基础设施落后，极大制约当地群众增收致富。“脱贫攻坚战打响后，我们村也搭上了跨越发展的快车。”吉克石乌说，公路、电力、水利、网络等工程的建设，使村民致富有了坚实的硬件基础。

凉山州“悬崖村”的变化是四川以“绣花”功夫打赢脱贫攻坚战的缩影。全国人大代表、四川省扶贫和移民工作局局长降初介绍，党的十八大以来，四川省认真贯彻落实习近平总书记关于扶贫工作的重要论述，始终把脱贫攻坚作为头等大事，把藏区、彝区作为重中之重，聚焦深度贫困地区。在藏区，推进“六项民生工程计划”；在彝区，实施“十项扶贫工程”。落实一系列支持政策，从12个方面提出了34条具体措施，选派5 700余名干部开展综合帮扶，吹响了向凉山深度贫困发起总攻的冲锋号！

十二届全国人大代表、凉山州委书记林书成说，习近平总书记对彝乡群众的关心，温暖了大凉山村村寨寨、家家户户，极大鼓舞了彝乡儿女脱贫奔小康的斗志。

划重点！2019年四川省委1号文件，“12345”带你读懂

刊播：川观新闻（2019年3月7日）

作者：李立洲　樊邦平　侯冲　王成栋

（衡昌辉摄）

3月7日，《四川日报》全文发布2019年四川省委1号文件《关于坚持农业农村优先发展推动实施乡村振兴战略落地落实的意见》。这是2004年以来，四川省委、省人民政府连续第16年以省委1号文件形式部署“三农”工作。

3月7日上午，四川省人民政府新闻办公室召开新闻发布会，对2019年四川省委1号文件进行介绍和解读。

文件有哪些亮点？发布会现场用“12345”概括。

补齐一个最大短板
聚焦45个深度贫困县脱贫

脱贫攻坚是全面建成小康社会的重中之重、难中之难、坚中之坚、急中之急，打赢脱贫攻坚战是我们党作出的庄严承诺。四川省是全国脱贫攻坚任务最重的省份之一。四川省委1号文件把脱贫攻坚放在第一部分，鲜明提出“坚决打赢脱贫攻坚战，确保如期完成全面建成小康社会硬任务”。指出要聚焦脱贫目标标准，实施年度扶贫专项方案，重点解决好实现“两不愁三保障”面临的突出问题。要抓好贫困人口住房安全保障，高质量完成易地扶贫搬迁和农村危房改造任务，持续推进农村土坯房改造行动，统筹做好公共服务、产业就业等后续帮扶工作。要持续推进交通、水利、电力、网络、生态等扶贫，超前实施2020年度基础设施建设项目。

针对彝区、藏区深度贫困地区，文件强调要聚力推进住房、产业、基础设施等“七大攻坚行动”。全面落实综合帮扶凉山州（全称凉山彝族自治州）打赢脱贫攻坚战支持政策和工作措施。加大对贫困发生率高于20%的深度贫困村脱贫攻坚帮扶力度等。

在具体实践中，把脱贫攻坚作为现阶段乡村振兴的特殊任务，做好脱贫攻坚与乡村振兴的衔接，将已“摘帽”的贫困县优先纳入乡村振兴战略支持范围。

对标两大硬任务
保障四川粮食安全、推进农村人居环境整治

保障四川粮食安全。今年的四川省委1号文件对粮食安全作了特殊强调，释放了明确的重农抓粮的信号，强调要毫不放松抓好粮食生产，就是要稳面积、稳产量、稳政策，要确保粮食播种面积稳定在9 000万亩以上，总产量稳定在700亿斤* 左右。保障四川粮食安全，主要措施就是深入实施“藏粮于地、藏粮于技”战略。

推进农村人居环境整治。文件明确要全面推进“美丽四川·宜居乡村”建设，坚持整村推进、台账管理，由点到面。一是大力推进“厕所革命”，明确2019年要实现农村户用卫生厕所普及率达70%以上，行政村公共厕所全

* 斤为非法定计量单位，1斤＝0.5千克。——编者注

覆盖。二是大力推进农村生活垃圾治理，明确到2020年90%以上的行政村生活垃圾得到有效处理。三是大力推进污水治理，明确2019年50%以上的行政村要具备生活污水处理能力。四是推进村庄清洁行动，明确到2020年实现乡村环境基本干净整洁有序。五是推进畜禽养殖废弃物资源化利用，到2020年基本实现大规模养殖场畜禽粪污资源化利用。

突出三个重点任务

以建设“10+3”产业体系为重点发展现代农业园区、以农村“五网”基础设施建设为重点改善生产生活条件、以农民工返乡创业为重点推进乡村人才振兴

以建设“10+3”产业体系为重点发展现代农业园区。四川省委1号文件把发展现代农业园区作为重点强力推进，就是要抓住这个“牛鼻子”，充分发挥示范引领作用，构建“10+3”特色农业体系，推动全省农业综合实力和农业发展水平迈上新的台阶，把现代农业园区建成农村改革“试验田”、农业技术“推广站”、现代农业“样板区”。

高标准推进现代农业园区建设，突出“10+3”特色产业发展，加快推进三大先导性产业发展。四川省要把现代农业园区作为“10+3”产业体系，即川粮(油)、川猪(家禽)、川茶、川薯、川药、川竹、川果(花椒)、川菜、川桑、川鱼10个“川字号”优势特色产业和现代种业、智能农机装备制造、烘干冷链物流的重要载体，围绕“10+3”产业体系，每个园区要培育壮大1～2个主导产业。

以农村“五网”(路、水、电、气、通讯)基础设施建设为重点改善生产生活条件。文件把农村“五网”基础设施建设作为改善农村生产生活条件的重点加以推进，提出要按照“四好农村路”要求，实施通乡油路、通村硬化路工程建设，新(改)建农村公路2万千米；实施农村饮水安全巩固提升工程；加快新一轮农村电网升级改造和农村动力电全覆盖；全面实施信息进村入户工程，推进“智慧乡村”“宽带乡村”“无线四川”等建设。这些都是农民最关心、最直接、最现实的利益问题，必须一个一个地解决好。

以农民工返乡创业为重点推进乡村人才振兴。文件把农民工返乡创业作为推进乡村人才振兴的重点进行安排布置。

一是要推进返乡下乡人员创业。文件明确要落实《促进返乡下乡创业二十二条措施》，实施乡村就业创业工程助农增收，积极搭建创业园区、孵化基地、众扶众筹等支撑平台，引导返乡农民工和农业企业到乡村建设基地发展产业。要注意从优秀农民工中物色培养一批入党积极分子，逐步培养为村社干部，夯实乡村基层组织建设的基础。

二是要探索建立新型职业农民制度。要总结推广新型职业农民制度试点经验，把返乡农民工培育成为职业农民，启动开展职业农民职称评定试点。同时，文件提出要进一步落实加强农民工服务保障措施。

落实四个优先

在干部配备上优先考虑、在要素配置上优先满足、在资金投入上优先保障、在公共服务上优先安排

四川省委1号文件明确提出，要坚持把落实“四个优先”的要求作为做好“三农”工作的头等大事，纳入重要议事日程。一是要优先考虑“三农”干部配备，选好配强“三农”干部，把优秀干部充实到“三农”战线，建立“三农”工作干部队伍培养、配备、管理、使用机制，落实关爱激励政策。二是优先满足“三农”发展要素配置，改变农村要素单向流出格局，推动资源要素向农村流动。三是优先保障“三农”资金投入，建立乡村振兴财政投入保障制度，坚持把农业农村作为财政优先保障领域和金融优先服务领域，公共财政更大力度向“三农”倾斜，鼓励金融机构将县域新增贷款投向支持乡村振兴。四是优先安排农村公共服务，推进城乡基本公共服务标准统一、制度并轨，实现从形式上的普惠向实质上的公平转变。

构建五大机制

乡村振兴考评激励机制、乡村“聚人气”机制、乡村“聚财气”机制、乡村用地保障机制、多规合一规划编制机制

建立乡村振兴考评激励机制。文件明确一是将乡村振兴考核纳入四川省委、省政府综合绩效目标考核，把考核结果作为干部任免、政策资金支持的

重要参考。二是出台四川省市县党政领导班子和领导干部推进乡村振兴战略的实绩考核办法。三是实施乡村振兴战略考评激励办法，每年评定10个乡村振兴先进县(市、区)、50个先进乡（镇）和500个示范村，分别给予6 000万、500万和60万元的一次性补助，并在新增用地指标、省级涉农项目资金、金融贷款、干部评先评优4个方面给予优先安排。四是开展现代农业园区星级评定工作，每年评定35个省级现代农业园区，其中三星级15个、四星级10个、五星级10个，分别补助1 000万元、1 500万元、2 000万元。

建立乡村“聚人气”的机制。文件明确，一是要建立县域人才统筹使用制度和乡村人才定向委托培养制度，把乡村人才纳入各级人才培养计划予以重点支持。二是建立县级青年公职人员到乡村挂职制度，探索县、乡新进公职人员到农村开展定期服务制度。三是在县域教育、卫生等领域和行业实行岗编适度分离，引导专业技术人才直接服务乡村基层。四是统筹乡（镇）站、所改革，强化乡（镇）为农服务体系建设。

建立乡村“聚财气”的机制。文件指出要落实财政支农投入稳定增长机制，涉农县(市、区)每年公共财政支出中对乡村振兴投入要达到一定比例。调整完善土地出让收入使用范围，提高农业农村投入比例。推进城乡建设用地增减挂钩节余指标在市域内流转和贫困县节余指标在省域内流转，组织开展现代农业园区金融综合服务创新示范区建设，设立省级乡村振兴奖补资金，鼓励有条件的地方设立乡村振兴发展基金，实施乡村振兴“川农贷”工程，财政单项投资额度在200万元以下的农村小型公共基础设施项目的建设管理，可以依法采取村民自建、民办公助的方式，由农村集体经济组织实施。

建立乡村用地保障机制。文件明确，乡村振兴用地保障要坚持两条腿走路，一方面，各地要按不低于省上下达年度新增建设用地计划总量的8%予以单列，优先满足乡村发展。另一方面，要盘活农村闲置建设用地，落实农业设施用地政策，严禁擅自改变农业用途或以农业结构调整为名进行非农建设、占用基本农田。

建立“多规合一”乡村振兴规划编制机制。四川省委1号文件明确要综合考虑经济发展、产业布局、基础设施建设、文化保护等要素，尊重乡村发展规律，结合四川实际，突出四川特色，科学规划县域乡村布局。指导编制县域乡村振兴“1+6”规划，加快推进村规划编制。引导农民参与规划编制，培养专业乡村规划队伍，组织动员社会力量开展规划服务。强化乡村振兴规划执行监管。

高原“飞地”惠及藏族群众

刊播：新华社（2019年4月9日）
作者：周相吉　康锦谦

在四川省甘孜藏族自治州炉霍县斯木镇的河谷地带，整齐地分布着241个“飞地智能蔬菜大棚”。暮春时节，大棚里已经有蔬果可以采摘了，工人们在一排排大棚里忙碌着，他们中不少人在两年前还是过着游牧生活的贫困牧民。

“飞地”产业园是成都市锦江区对口援建炉霍县的项目，由一家引自山东省寿光市的蔬菜种植企业运营。成都市锦江区援藏办常务副主任夏勇介绍，甘孜藏族自治州炉霍县现有16个贫困村，大多数受地域位置和海拔高度影响，资源匮乏且分布不均、环境恶劣，村域内难以发展村集体产业和家庭特色经济，有些贫困村常年处在雪线以上，作物难以生长。

成都市锦江区委书记陈历章介绍，在炉霍县内资源条件好的地方集中建设蔬菜大棚，把红利返回给分布在各地的贫困村，实现成果共享，打造这种“飞地”产业园能够破解贫困地区资源禀赋不均的难题，现代化企业的管理模式也有助于藏族群众转变思想观念。

“大家以前不喜欢打卡，怕机器把工资‘计掉’，现在又喜欢上了打卡，觉得省了不少事。”吉绒村藏族村民曾兴蓉笑着说。她过去是贫困户，家里的房子漏雨也没钱买瓦，如今她家两口子都在产业园上班，每年有七八万元收入，在2018年实现了脱贫，也修好了房子。曾兴蓉说，最高兴的还是学到了技术。“我基本掌握了番茄种植技术，还想学更多。”

在藏族村民李静管理的大棚内，记者看到一颗颗珠圆玉润的小番茄已挂上枝头，散发勃勃生机。李静告诉记者，除了每天100元的固定收入外，大棚产量高还有额外的奖励。“我现在每天骑摩托上班，就是为了多花时间把大棚照料好。”

管理“飞地”的园区企业负责人说，2018年“飞地”大棚在当地总支出达到1 100万元，但公司还能盈利约60万元。“我们董事长曾在这里当兵，也一直想解决高原缺乏新鲜蔬菜的问题。”他说，这种模式既抒发了自己的援藏情怀，公司还能小有盈利。而当地村民不用外出务工，能在家门口就业，还能学到先进的种植技术。

成都天府大弘农业科技有限公司董事长晏旭是查尔瓦村的扶贫带头人，他不仅把“智慧农业物联网数据平台”带进炉霍县，让“飞地”农特产品的生长环境和各种监测数据可追溯，还发展起特色高原菜籽油，以高于市场价的价格收购农牧民的菜籽。“既要因地制宜，也要做好商业模式。”晏旭说。

据了解，去年炉霍县88个贫困村每个村都分得了2个及以上的大棚，总计从大棚中分红600余万元，并通过土地流转实现年增收115万元，转移劳动力就业200余人，带动当地2 389户9 879名贫困人口增收，助力该县72个贫困村在2019年前完成脱贫“摘帽”。

“飞虎村”正名记

刊播：新华社（2019年4月22日）
作者：康锦谦　江宏景

在318国道边，有这样一个村子，它位于二郎山隧道西洞口，雪山环绕、风景秀美，是全国生态文明示范村，但它曾有一个村民们不愿提起的名号——川藏线上的“飞虎村”。

四川甘孜藏族自治州泸定县冷碛镇团结村地处交通枢纽，是运送各类物资进藏的必经之地，每天来来往往的货车川流不息。过去，团结村因为缺少产业，种植农作物单一，经济发展缓慢，2012年人均收入不足2 000元。村里的一些小伙便动起了“歪脑筋”，“靠山吃山”，练就了一番爬车、扒货的“好身手”，导致“飞虎村”扬名川藏线。

“要增强村民对本村的认同感、自豪感，改变风气，关键还是要让村子发展起来。”团结村村支部书记周祖祥说。可是，发展谈何容易。村里尝试过发展多种产业，最后都没有发生根本性的改变。

2013年，泸定县农牧和科技局向县内的5户村民免费提供了试种的羊肚菌种子，团结村村民李忠琴是其中之一。让她惊喜的是，第一次尝试就取得了好的效果，试种的1亩羊肚菌当年收成达到600斤，按照市场价80元1斤计算，经济效益十分可观。

“这可比过去种玉米强多了！”李忠琴兴奋地说。她劝说邻里乡亲都改种这种经济效益高的作物，村干部也意识到这是帮助当地实现产业发展的好路子。“政府请来的专家说我们团结村的气候条件十分适合羊肚菌的生长，能种出肉厚又香的菌子。”李忠琴说。

第2年，团结村试种的10亩羊肚菌也取得了很好的收成，村民们纷纷动心了，开始大规模地种植羊肚菌。为鼓励村民们发展新产业，泸定县农牧和科技局给每亩羊肚菌提供了3 500元的大棚补贴及3 000元的菌种补贴。2016年团结村羊肚菌种植规模达到90亩，2017年扩大到200亩。村里还积极组织村民去外地参加展销会，打开销路。

现在，团结村的羊肚菌不仅卖到成都，还销往广东、云南等地，甚至通过经销商卖到了欧洲。加上核桃、花椒、樱桃等经济作物畅销市场，2018年团结村人均收入过万元。

临近傍晚，一框框新鲜的羊肚菌被种植户搬出来供商户挑选，李忠琴也在商户和村民中来回忙碌着。她由于在当地帮助推广羊肚菌种植，被推选为泸定县羊肚菌种植协会理事长，帮助县内的羊肚菌种植户联系销售、提供技术指导。“现在再没人提起‘飞虎村’了。”李忠琴说。

如今，随着村民们富裕起来，曾经的“飞虎村”再也没有出现爬车扒货的现象。漫步团结村，一路花开正盛。一个个大棚里栽种的羊肚菌和各类中药材，正展现出勃勃生机。

土地进了“托儿所” 机播机收好巴适

刊播：《四川农村日报》（2019年4月22日）

作者：刘佳

4月15日，中江县黄鹿镇宝塘村的众玉辉稻谷专业合作社水稻种植基地机声隆隆，正在进行一年一度的水稻春季备耕。只见稻田经过机械化打浆作业后，一旁的工人将泥浆抹平，短短一个上午，就整理了10亩育秧田。

“育秧后，我们接着进行机插秧。过去我们需要100个工人、用20多天才能完成插秧任务，现在插秧全程机械化，5台插秧机1天能插200亩，6～7天就能完成插秧作业。”众玉辉稻谷专业合作社理事长陈舰说。

记者在采访中了解到，近年来，四川省加快构建覆盖全程、功能完善、便捷高效的农业社会化服务体系，实现了农业生产节本增效，为乡村振兴战略实施、农业强省建设和脱贫攻坚提供了有力支撑。

田里跑“洋马”，社会化服务效益高

如今，农田里跑“洋马”，已成为中江县宝塘村等地的一道靓丽风景。陈舰介绍，合作社提供的水稻育秧、耕作、插秧、植保、收割、烘干等全程机械化作业服务，不仅满足了自有基地的需求，还在有关部门的组织下，为周边2 000多亩水稻提供社会化服务，目前已经收到全程机械化种植水稻的服务订单1 000多亩。

“合作社最近购置了两台先进的同步侧深施肥插秧机，每台成本在17万元，在农业社会化服务示范县项目资金的扶持下，每购进1台享受补助5万多元，解决了部分资金困难问题，减轻了我们的资金压力。”陈舰说。

据四川省农业农村厅有关人士介绍，2018年在中央财政的支持下，四川省农业社会化服务再次扩面提速，在全省范围内选取了中江县等20个县（市、区）实施农业社会化服务示范县创建项目；选取了崇州市等37个县（市、区）实施农业生产托管服务项目，绵阳市被纳入整市推进范畴。中江县农业农村局副局长童金告诉记者，在农业社会化服务示范县创建项目的扶持下，中江已通过招投标程序确定了5家农业社会化服务组织，开展小麦统防统治1万亩，育秧5 000余亩，玉米机耕机播800余亩。下一步中江县将通过提供社会化服务，实现4万亩水稻全程机械化生产，5 000亩玉米全程机械化生产。

盐亭县玉龙镇现代农业社会化服务超市则集中推出了农资选购、土地托管、机播机收、提水排灌、统防统治等服务，深受当地农户欢迎。以超市提供的土地托管服务为例，同农户自己种地相比，通过提高机械化使用率，统一采购、统一供应农资，降低社会化服务价格等，每亩可节省成本110～130元。同时，依靠土地整理、测土配方、统防统治、科学管理等手段，每亩可直接增收350～380元。

节省劳动力，农民成有吸引力的职业

4月15日，在中江县合兴乡新建村，惠农粮食专业合作社正在开展玉米施肥、播种、覆膜一体化机播作业。

“我们从事玉米机播已经5年了，由于农村青壮年外出务工较多，‘谁来种地’的矛盾越来越突出。随着合作社机械化程度越来越高，矛盾逐步得到缓解。”该合作社理事长范勇介绍：“合作社吸引40～50个农民常年在基地务工，还培养了10多个‘飞手’，组建无人机服务队，除满足基地1 400多亩土地植保需求以外，还可以对外承接统防统治等作业。”

童金透露，通过项目扶持，中江全县范围内现代农业社会化服务体系已基本建立：一是培育新型农业经营主体5家以上，增强其服务功能；二是建成县级信息综合平台，实现农业社会化服务供需信息互联互通和精准对接；三是对服务设施设备购置给予一定补助，增强服务主体的服务能力；四是政府购买农业社会化服务，促进服务主体发展。

农业社会化服务体系的建立也增强了农户积极参与农业社会化服务、发展现代农业的信心和决心。盐亭县飞荣农业机械专业合作社成员邓长春过去常年在外地从事建筑行业，1年前加入合作社，专职从事无人机操作。“长期在外打工不是长久之计。飞荣合作社成立以后我就加入进来，现在每月工资在5 000～6 000元，还能照顾家人。”邓长春告诉记者。

四川广播电视台公共·乡村频道正式开播

刊播：四川广播电视台《四川新闻》（2019年5月26日）
作者：葛曦　廖玉良

习近平总书记指出："四川农业大省这块金字招牌不能丢"，为传递好四川乡村振兴的"好声音"，讲述好四川乡村振兴的"好故事"，全新定位起航的四川广播电视台公共·乡村频道今天正式开播。

实施乡村振兴伟大战略，努力打造"美丽四川·宜居乡村"和现代农业产业，进一步擦亮四川农业金字招牌，推动农业大省向农业强省跨越。今天正式开播的公共·乡村频道，是四川省落实省委1号文件提出的"办好四川广播电视台公共·乡村频道"相关要求，全新打造的传播现代农业的专业平

台。四川省委常委、省直机关工委（全称四川省直属机关工作委员会）书记曲木史哈出席开播仪式并致辞。四川省副省长尧斯丹出席仪式。

“高起点、高品质”，同时“有情怀、有看头”，是该频道设计的整体品相要求。经过近半年的精心筹备，公共·乡村频道从今年5月6日起试播，并相继推出了9档乡村节目，潘长江主演的农村剧《富贵盈门》也在该频道全国首播。而潘长江今天也到川台为乡村频道开播助阵。

四川广播电视台公共·乡村频道总监助理罗俊说：“公共·乡村频道开播，将从文化宣传领域推动农业全面升级、农村全面进步、农民全面发展，并逐步打造成以电视和四川观察App为主的多平台、多终端、融合传播的乡村振兴媒体矩阵。”

开播仪式上，“乡村振兴 美丽家园”2019年四川省网络视听节目精品创作传播工程优秀作品正式发布，围绕产业扶贫、就业扶贫、教育扶贫等领域，此次共征集到212个选题方向，最终推选出6部最佳作品、15部优秀作品和6部入围作品。

最佳作品《彝乡情》导演张朝源说：“我希望我们的作品能够促进广大的社会群体关注留守儿童、关注学前教育。”

最佳作品《小猪的幸福生活》导演曹潇云说："脱贫攻坚的干部、第一书记以及我们的彝族同胞，他们在平时的生活中展现出来的优秀品质和工作精神才是我们获奖的原因。"

据统计，本次活动有7部作品点击量超过500万次，单部作品最高点击量突破800万次，全网点击量过亿次，展示了四川省脱贫攻坚和乡村振兴取得的突出成绩。

四川：重点建设“10+3”产业体系　助力乡村振兴

刊播：新华社（2019年6月5日）
作者：陈地

“马上就到端午节了，我们的猪肉卖得很好！”面对渐暖的行情，四川省资阳市雁江区东庵生猪专业合作社理事长李云贞高兴地说，目前，合作社已联合附近4个乡（镇）、17个村、320户社员，年出栏肥猪2万头以上。

而在“竹编之乡”四川省青神县，农户们正加班加点赶制一批即将销往海外的竹编包。当地竹编大师陈云华成立云华竹旅有限公司后，带动了5 000多户、上万人从事竹编产业。仅竹编包一款产品，每年销售额就有6 000多万元，远销30多个国家和地区。

以上只是四川发展现代农业“10+3”产业体系的缩影。日前，四川省委农村工作领导小组在成都召开专题会议，决定加快培育壮大“10+3”产业体系，擦亮四川农业大省的金字招牌。

据了解，现代农业“10+3”产业体系，即重点培育川粮（油）、川猪、川茶、川薯、川药、川桑、川菜、川果、川鱼、川竹十大优势特色产业，做强现代种业、智能农机装备制造、烘干冷链物流三大先导性支撑产业。

“这是我们在对四川农业发展现状进行认真梳理的基础上，结合形势和消费需求变化等，确定的具有重要战略地位且产业基础独特、主导地位突出、区域优势明显、发展潜力巨大的重点产业。”四川省农业农村厅副厅长毛业雄说。

关于为何选择上述三大先导性支撑产业，四川省农业农村厅负责人以冷链物流为例介绍，四川果蔬、肉类、水产品的冷链流通率已分别提升至18%、33%、30%，但流通腐损率仍较高。其中，采后商品化处理设施不足的问题尤其突出。

据了解，为培育好现代农业“10+3”产业体系，从今年开始，四川省农业信贷担保有限公司开发了13款专属信贷担保产品。信贷担保产品包括“川粮（油）贷”“川猪贷”“川茶贷”等。担保对象为从事十大优势特色产业和三大先导性支撑产业生产经营且有真实融资担保需求的各类企业、组织和个人，重点聚焦家庭农场、种植大户、农民合作社、农业适度规模经营主体和村级集体经济组织等。担保额度根据担保对象不同，控制在10万～1 000万元。

乡村振兴，产业是重点。近年来，四川打破产业与行政区划限制，依据区域特色，推进“园区＋城市”“园区＋新村”“园区＋基地”等模式，力争用5年建成国家级园区30个、省级园区175个、市级园区300个、县级园区500个，基本形成产业特色鲜明、加工水平高、产业链条完善、设施装备先进、生产方式绿色、品牌影响力大、辐射带动有力的省、市、县三级农业园区体系。

产粮大县如何“破茧”化为农业强县

四川荣县增粮兴业富民蹲点调查

刊播：《农民日报》(2019年6月12日)

作者：唐园结　张艳玲　周鹏飞

西堰村依山傍河、田少坡多，是四川省荣县众多丘陵农村中的一个。

这个小村庄，在新中国成立后的相当长时期里难觅温饱的路子；改革开放后，靠着稻菜轮作的法子“稳住粮食，赚到票子”；在过去20年中，又遭遇农村劳动力外流、农业产业化水平不高等发展困境，但西堰村村民最终凭着超前的眼光、创新的勇气和持恒的奋斗破茧成蝶，实现了村美民富产业兴。

如西堰村一样，荣县不少的乡村经历了大致趋同的发展过程，完成了从瘠薄的丘陵地中刨食到淘金的转折，共同谱写了增粮兴业富民的县域发展交响曲，如今正并肩走进乡村振兴的蓝图里。

一路走来，西堰村村民同荣县50万农民一起迈过了限制乡村和农业产业发展的一道道坎，为解决“产粮大县如何迈向农业强县”的难题贡献了经验和智慧。

一破“粮强民不富”难题

粮猪安天下的四川盆地，农业生产资源禀赋优越，涌现出不少产粮大县、生猪养殖大县。然而，粮强民不富，一直是困扰这些农业大县的难解之题。

荣县在一段时间内亦曾如此。

新中国成立初期，得益于兴修水利扩大保灌面积，荣县逐步改变粮食“风调雨顺大增产，一遇干旱垮下来”的局面；再加上引进作物良种、合理施肥等原因，这座丘陵县的粮食产量稳步上升，1949年还不足15万吨，1978年就翻番到30.97万吨，实行家庭联产承包责任制后的1985年更是达43.98万吨。

就这样，荣县硬是依靠人努力，跻身荣誉与使命兼具的“产粮大县”之列。然而，农民人均只有1亩多耕地，种粮效益并不高，要进一步从土地里再刨出一个好光景，却是难上加难了。

但是，荣县为粮“茧”所缚却并未困顿，30多年里不仅抽茧成丝——变稳粮责任为发展基石，而且羽化成蝶——实现产业繁荣、农民富裕。

近年来，荣县二、三产业快速发展的同时，农业也没有掉队，产业规模不断扩大，在全县GDP中约占1/4。特别是做到了粮食面积和产量始终不降，蔬、果、茶等特色产业产值竞相上升，从一个计划经济时期的“交粮大县”，成长为农业产业全面发展的“N好生”——11块国家级、16块省级农业类先进牌子挂满荣誉墙。

过去5年，荣县农村居民人均可支配收入平均增速超过9%，去年达到15 692元，较全省平均水平高出2 361元，较全国也高出1 075元，被评为四川省农民增收工作先进县。

荣县破题的办法并非石破天惊的“创举”，而是根植于数千年中华农耕文明中的古老智慧——粮经复合、稻菜轮作。

农业的自然属性决定了要在有限的空间里获得尽可能多的产出，就必须高效地利用土地。这一朴素的道理，在荣县被西堰村村民率先付诸实践并取得巨大成功。

20世纪80年代末，计划经济体制冰封渐融，农产品市场逐渐放活。旭水河畔西堰村的水稻收获后，几户农民试着在晒干的稻田里种下茄子、番茄等越冬蔬菜。来年5月，蔬菜收尽，村民们又在菜地里灌上水，再种水稻。

稻菜轮作，粮食有保证，还能多收一季菜。尝到甜头的村民继续干，看在眼里的同村人也开始模仿。一些种植户还将外出务工村民的地流转过来，逐步扩大规模。稻菜轮作模式以西堰为中心，在该村所属的鼎新镇逐渐推开。

然而，村民种菜都是土把式，在现代技术和市场营销方面都是两眼一抹黑。怎样让菜产得好、不愁销、价钱高，村、镇两级经过持续努力，支持、鼓励菜农抱团建合作社，培育了一批业务素质强的农业技术员和一支营销经纪人队伍。

时值5月，其他地方的番茄、茄子等还未大面积上市，西堰村的菜农已经开始“数票子”。“稻菜轮作，村里的蔬菜错季上市，村民的收入更高。”村党支部书记、种植大户陈万洪流转土地30多亩，蔬菜上市旺季每3天就能售出一车菜，每车纯利润上万元。

“面积从几十亩起步，发展到现在的4万多亩，去年全镇蔬菜产值4亿多元，平均每亩产值过万元。”鼎新镇镇长宋世金说，再算上每亩超千斤的水稻收成，就有了老百姓口中的亩产“千斤粮、万元钱”。

如今，鼎新镇的蔬菜产业，无论是优良品种、先进技术的引进推广，还是安全用药、质量检测的指导实施，抑或是包装储运、销售入市的顺畅连接，都已较为成熟完善。

鼎新种菜，荣县其他乡镇则发展起茶、柑橘、中药等产业。荣县县长郑小清介绍，荣县100万亩粮食生产面积中，至少1/3是水旱轮作、粮经复合基地，催生了全县21个“现代农业万亩亿元示范区”。

“稻菜轮作的价值不仅在于实现了农业生产在时间与空间上的延展，更蕴含了荣县农民对土壤健康的关照。”四川省农业科学院研究员唐丽分析，种一季水稻后，土里的病原菌和虫卵大大减少，蔬菜病虫害发生风险降低；同时，水旱轮作使土壤里的厌氧、有氧微生物交替繁殖，有利于土壤理化性质的改良，更加适宜绿色和无公害蔬菜的生产。2017年，荣县成功跻身全国首批农业可持续发展试验示范区。

二破“内卷化增长”魔咒

一个区域的发展只能停留在简单层次上的自我重复，而无渐进式的发展，这种现象被学术界称为“内卷化增长”。

对荣县而言，季复一季的稻菜轮作，意味着农民年复一年地劳作其中，仅靠劳动力的重复投入而无种植模式、技术的升级进步，显然中了“内卷化增长”的魔咒。

当了解到荣县近年来在农业产业提质增效方面的做法时，记者的顾虑打消了。曾长期从事农业工作的荣县政协主席邹崇霞告诉记者，在品种革新和增产技术的同时作用下，荣县水稻生产的成本在下降，亩产在稳定上升。

旭水河、越溪河两岸的稻田一畦连着一畦，像一条翠绿的玉带紧贴大地，足有上百公里。荣县以政策鼓励推广蓄留再生稻，每年8月下旬，头季水稻收割后，稻农会往田间施洒促芽肥，稻桩重新发苗、长穗，2个月后可再收一季稻。

去年，荣县蓄留再生稻面积达28万亩，平均每亩因此增产150公斤以上。

农业科技这一现代农业要素的注入，让荣县人挑起保障粮食生产重担的信心倍增。2018年，荣县在连年获得中央财政产粮大县奖励的高起点上自我加压，定下了用5年增产10万吨粮、创建年产粮50万吨的国家超级产粮大县的新目标。

粮食生产稳中有升，荣县在发展经济作物上更放得开手脚了。1月，旭水河沿岸的29万亩蔬菜开始采摘上市；3月，西北山区的10万亩茶园吐翠；5月，新桥镇的2万亩枇杷黄透了；8月，乐德镇红土地上的小辣椒红彤彤；从9月开始到来年3月，全县22万亩早、中、晚、极晚熟柑橘渐次成熟……春夏秋冬，四季农忙。

在县委、县政府的努力下，以四川省蔬菜首席专家李跃建为首的四川农业科学院川南蔬菜专家工作站落地荣县，包括优选品种、嫁接防病及集约化护根育苗技术、设施优化与调控技术、冬春促成夏秋避雨技术、水肥一体化减肥增效技术在内的十大绿色蔬菜生产技术得到较普遍的集成应用。

值得一提的是，为了尽可能减少劳动力投入，荣县正努力推动适用于丘陵地区的农业机械普及。在鼎新镇，一项利用小型旋耕机实现“免耕”的技术得到普遍应用：收完菜、灌上水后，农民直接在种菜的厢沟上插秧，水稻收获后，用机械稍微将土翻松，不用重新开厢便可种菜。

一项项科技要素进了粮田菜地，限制特色农业产业发展“内卷化”的魔咒被彻底打破，荣县稳粮增收的底气更足。

三破“结构性失衡”困境

河口镇是荣县最南部的乡镇，再往南就是有“长江第一城”之称的宜宾市了。让河口镇声名远播的不是万亩柑橘和稻田，而是烧烤。河口镇副镇长虞文春告诉记者，河口镇足有数千人在陕西西安、四川成都等地做烧烤生意。

窥一斑可见全豹。荣县常年外出务工的农民有20多万人，占农村劳动力总人数的近60%，农村劳动力结构性短缺愈发凸显，“谁来种地”问题随之而来。

与此同时，由于市场逐渐发生变化，荣县农业产业内部品种之间也出现了结构性失衡。河口镇河坝湾村是从20世纪80年代后期开始大面积种植柑橘的特色产业村，如今效益不好的早熟品种占了大多数，效益最好的晚熟品种占比不到15%。

此外，产业链条短、有规模无品牌等问题也开始困扰荣县农业产业发展，如县北山区20万亩茶园（其中10万亩为油茶）已成为四川早茶的核心产区，但荣县茶企业、茶品牌尚没有发展起来。

要一一打破这些困境，必须借助有形之手的力量。

在荣县县委书记韩明祝看来，荣县农业产业升级有经验技术、交通运输、市场营销等优势，只要政府引导得当，就一定能再上一层楼。

“我们县生态环境好，长期以来农民积累了丰富的粮经复合种植经验，农户的观念开明超前，对新技术的吸纳能力强，种植规模也有了一定基础，在‘种得好’方面不成问题。”韩明祝进一步分析说，穿过或邻近荣县的高速公路就有4条，雅眉乐自城际铁路正在建设，农产品能够快速“运得出”；成渝城市群的繁荣带来了更广阔的市场，荣县一大批职业经理人队伍在外积极开拓市场，好产品定能“卖得俏”。

韩明祝的认识目前已成为荣县广大干部群众的共识，并落实到行动中来。

2018年，荣县结合自身农业农村发展实际和弱项短板，确定了实施乡村振兴战略的“358”（三区建设、五个转变、八大工程）工作思路，将长江上游丘区生态循环农业绿色发展样板区、全省农业农村改革试验示范区、盆地中部浅丘农产品主产区作为荣县进一步稳粮富民的三大立足点，着力建设茶、果、蔬三大产业环线，打造20个现代农业园区，发展"1+4"主导农业产业。

涉及土壤提升、水体保护、农业生产全过程管理、科技投入、金融支撑等方方面面的一揽子鼓励扶持政策已经出台并初显其效——新桥镇赶场冲村，青年许高明与新婚妻子一起回乡办起了家庭农场，养川南黑山羊、种新桥枇杷，试水网络销售；正紫镇刺芭塘村，返乡农民工张熙流转了200亩坡地，栽新品柑橘苗，套种上小辣椒；在观山镇，种粮大户纷纷发展起稻田生态种养，稻田里养鱼虾、育鳖蛙……在稳粮兴业富民的发展之路上，荣县马力全开，动力十足。

调查手记

幸福都是奋斗出来的，荣县农业农村70年破茧、蝶变的历程，源于这里的农民在丘陵上创新、于山地上拼搏，其中蕴含的经验与规律值得深思总结。

荣县增粮兴业富民的成就，离不开逢山开路的进取精神。纵观新中国成立以来农业农村的发展，荣县在资源禀赋并不优渥的情况下，通过修水利、引良种、学技术等，使粮食产量节节高，硬是为国扛起粮安重任；改革开放潮涌，面对产粮大县反"为粮所困"的难题，荣县农民没有作罢，而是立足实际勇创新，因地制宜作规划，面向市场找办法，涌现出了稻菜轮作、粮经复合的好模式，实现了亩产"千斤粮、万元钱"的好效益。

荣县增粮兴业富民的成就，得益于对传统农耕智慧和现代农业科技的兼收并蓄。从西周"荣公封国"于此，3 000多年的漫长农耕史积淀的经验、传承的智慧，成为荣县在山区丘陵发展农业的宝贵财富。荣县在传承、吸收的基础上，积极引入现代农业技术和生产要素，让自然再生产的潜力得到更大释放，让同一块土地带来更多产出。

荣县增粮兴业富民的成就，是基于对市场发展趋势的准确把握。荣县农民居于山区，但观念灵活，敏锐地从国家市场经济转轨中捕捉到机遇，通过调整种植结构，探索粮经共作，将有限的耕地用于农业商品生产。且早在20世纪90年代，荣县一些村镇就开始在绿色蔬菜生产上率先发力，走生态农业路子。这在现在看来或许称不上“出奇制胜”，但在当时能够窥探到市场需求先机，并大胆尝试、付诸实践，打造无公害蔬菜基地，发展可持续农业，实属难能可贵。

荣县增粮兴业富民的成就，还源自对产业发展规律的深刻理解。荣县在发展经济作物的过程中，注重提升产业化水平和区域化分工。以鼎新镇蔬菜产业为例，该镇从育苗、种植、采摘，到包装、储运、销售，实现了全链条的分工分业，技术员、种植户、经纪人等各司其职，有效提升了效率和效益水平，带动了更多人增收致富。此外，荣县根据北部山多、南部丘浅的地貌特征，统筹规划了经济作物产业发展环线，宜茶则茶、宜果则果、宜蔬则蔬，鼓励“一村一品”或“一镇一品”，避免了恶性竞争，契合了产业发展规律。

新时代是奋斗者的时代。结束调查之时，记者回望在荣县乡村的行与思，对那些丘陵地上的农民充满了信心——他们在过去70年间所展现的创新拼搏精神、所积累的增粮兴业智慧、所传承的中华农耕文明，一定可以在乡村振兴的伟大实践中迸发出时代力量，助这方土地上的农民过上更好的日子，促这个砥砺奋进的农业强县不断蝶变、振翅高飞！

锦绣巴蜀展新颜

新中国成立70周年四川发展巡礼

刊播：新华社（2019年6月15日）

作者：陈健

从农业大省到农业强省，从一穷二白到脱贫奔小康……新中国成立70年来，四川砥砺前行，尽展新颜。2018年，四川经济总量突破4万亿元，全年104万贫困人口脱贫，长江上游生态屏障进一步筑牢。

由农业大省向农业强省跨越

在成都平原南端的岷江现代农业示范园区，绿油油的稻田首尾相连，这里是好味稻水稻专业合作社的优质稻基地。48岁的合作社理事长李相德是当地农民，2014年，他组织成立了好味稻水稻专业合作社，专心种植水稻。

“谁说种粮不挣钱？种粮也能种出些名堂来。我们生产的有机米，1斤能卖12元，很受市场欢迎。”李相德说，合作社推进农业供给侧结构性改革，从过去的“产量第一”转型到“质量优先”，优质稻、有机稻成为社员们的主攻方向。

农业发展，科技先行。1950年4月，出于新中国对科技兴农的迫切盼望，5个农业科研机构合并成为西南农林部四川农业试验所，即如今的四川省农业科学院。现在，四川省农业科学院各项科技成果年推广7 000万亩以上，产生综合效益逾100亿元。

正是凭借现代化、科技含量高的新型农机和农技，李相德的合作社实现了耕、种、收、烘干全程机械化，再加上统一选择优质种子，开展生物、物理防治，合作社生产的稻米在市场上竞争力越来越强。目前，合作社已经有农机160多台，发展社员355名，流转土地4.1万亩，种粮年年挣钱。

这是四川农业发展的一个缩影。四川省把实施乡村振兴战略作为新时代做好“三农”工作的总抓手，擦亮农业大省金字招牌，加快由农业大省向农业强省跨越。

脱贫攻坚主战场捷报频传

四川是脱贫攻坚主战场之一。凉山州昭觉县支尔莫乡阿土列尔村勒尔组是一个“悬崖村”。过去，村民外出需要顺着悬崖绝壁攀爬12段218级藤梯。

基础设施改善和产业发展夯实了脱贫攻坚基础。如今，牢固结实的2 556级钢梯取代了阿土列尔村勒尔组的藤梯。通畅的网络信号为原本闭塞的村庄搭建了通往外界的桥梁，村民陈古吉通过微信朋友圈卖蜂蜜，1年就能卖出3万元。村里试种的600株油橄榄良种苗木为脱贫提供了产业支撑。

就业扶贫让贫困群众实现了“一人就业，全家脱贫”。不久前，阿坝藏族羌族自治州金川县举办省内对口帮扶劳务协作专场招聘会。眉山市就业局局长朱蜀骥说，在这次招聘会上，眉山市组织一批知名企业，提供普工、技术工等40余个工种1 200余个岗位，到金川县吸纳贫困劳动力就业。

新中国成立70年来，对口帮扶体现出巨大的制度优势。在脱贫攻坚路上，四川省根据地区差异大、民族地区相对落后的实际情况，启动实施省内对口帮扶藏区、彝区贫困县工作。四川省内7个市、35个县承担对口帮扶任务，藏区、彝区45个贫困县全部被纳为帮扶对象。

“按照四川省的安排，眉山市对口帮扶金川县。”金川县人力资源和社会保障局副局长杨曦说，在就业扶贫方面，除了举办专场招聘会，眉山市每个月都会专门为金川贫困劳动力提供岗位信息，发送到乡镇和村，最近两年已累计提供1.1万个岗位。

2018年，四川实施22个扶贫专项，强化深度贫困县帮扶工作，采取超常举措综合帮扶凉山。全年实现104万贫困人口脱贫、3 513个贫困村退出。金川县等30个贫困县顺利实现脱贫“摘帽”。

长江上游生态屏障更加牢固

新中国成立后，在约半个世纪里，四川是主要的林木采伐区，砍伐的原木顺着长江漂下，满足华中、华东地区的建设需求。1998年，长江上游全面停止天然林商品性采伐。1999年，四川在全国率先启动退耕还林，10万砍树工人放下斧头，变为种树人、护林人。

现在，四川是长江上游重要的水源涵养地。近年来，四川全面推行河（湖）长制，设立省、市、县、乡、村五级河（湖）长10万多个，加强长江重点流域污染和城市黑臭水体治理，优良水质比例连续3年上升，达88.5%；劣Ⅴ类水质比例连续3年下降，控制在1.1%。

四川省生态环境厅厅长于会文说，四川重点推进成都平原、川南、川东北区域大气污染联防联控，实施“减排、压煤、治车、抑尘、控秸”五大工程，关闭整治“散乱污”企业，2018年全省空气质量优良天数比例达到84.8%。

为筑牢长江上游生态屏障，四川划定生态保护红线14.8万平方千米，占全省面积的30.4%；加强自然保护区整改管理，涉及自然保护区核心区、缓冲区的116个小水电站已全部取缔。2018年，四川完成造林1 083万亩，退耕还林还草55万亩，治理沙化、旱区土地35万亩。

新中国成立70周年　四川“三农”巨变尽在眼前

刊播：《四川日报》（2019年8月9日）
作者：张明海

科技赋能
农业经济综合实力稳步增强

“现在种地好安逸哟，从种到收全部机械化，哪像过去肩挑背磨，太恼火了！”三台县永明镇万家坎村3组村民李云吉感叹。

“四川盆地边缘地区的山地面积占总面积的93%，新中国成立初期，农业机械化近乎一张白纸。”四川省统计局相关负责人表示，70年间，农业机械从无到有，农业耕种收各类机械进入农民家庭，目前主要农作物耕种收综合机械化水平达到59%。

科技赋能带来的不仅是农业生产方式的转变。四川省统计局报告显示，粮食单产水平由1949年的107.8公斤／亩提高至2018年的371.7公斤／亩。

四川省农业产业园、农业规模经营主体也不断发展壮大。截至2018年年底，共获批创建国家现代农业产业园4个，有国家级现代农业示范区13个，创建国家级农业科技园区9个，家庭农场5.34万家，农民合作社9.96万家。

基础提升
建成幸福美丽新村29 925个

今年2月11日，凉山州昭觉县三岔河乡三河村彝族群众搬进新家，住上了新房。村民洛古有格创办的养殖合作社有110户农户加入，2018年销售仔猪2 000多头，有效带动当地群众脱贫致富。

脱贫攻坚不断深入，农村面貌开始发生巨大变化。“目前，四川省11 501个建档立卡贫困村中，已有9 719个退出贫困村序列。88个贫困县(市、区)中，已有50个退出贫困县(市、区)序列。”四川省统计局相关负责人表示。

越来越多的美丽新村不断涌现。数据显示，2018年，四川建成幸福美丽新村6 765个，累计建成幸福美丽新村29 925个。

新中国成立70年来，在农村基础设施不断得到增强的同时，农村社会保障也显著加强。四川省统计局报告显示，截至2018年年底，四川农村居民有343.9万人享受到最低生活保障；农村特困人员48.5万人全部纳入特困救助供养范围。

收入增长

农民生活水平稳步提升

成都市郫都区农科村是中国农家乐发源地。30多年前，农科村人利用自家房前屋后的空地开办农家乐，引领乡村旅游新风尚。从去年开始，村里开启新一轮转型升级，积极打造“精品民宿聚落”。

新中国成立70年来，农民收入水平和生活质量大幅度提高。四川省统计局报告显示，2018年，农村居民人均可支配收入达到13 331.0元，比1957年增长196.5倍。

农民人均可支配收入“节节高”过程中的几个关键节点令人印象深刻：1995年，首次突破1 000元大关，达到1 158.0元；2010年突破5 000元大关，达到5 399.0元；2015年突破万元大关。“改革开放后，家庭联产承包责任制极大地激发了农民的生产积极性，进入新世纪后各级财政对农业的扶持力度不断加大，农民收入得以不断快速提高。”四川省统计局相关负责人说。

收入增长的同时，四川农民的收入结构也发生了显著变化。四川省统计局报告显示，2018年农村居民经营净收入占农民人均可支配收入的38.4%，比1978年提高27.4个百分点；转移净收入占26.4%，提高17.7个百分点。

“道德超市”积分换来乡风文明

刊播：《农民日报》（2019年8月22日）
作者：邱文清　张艳玲

四川省眉山市丹棱县的老峨山上有个万年村，7月下旬，起伏的山坳间，垄垄茶园绿意葱茏，成片的五月脆李刚刚下市，青绿饱满的核桃挂满枝头，即将迎来丰收。这个省定贫困村“摘帽”奔康之后，乡风文明建设已经悄然“试水”。

在村委会办公室外，黄玉珍老人背着小孙子跑了两趟，把拣来分好的10个农药瓶子和30个有机肥塑料袋交给了网格员张杭，领到两张面额为“1分”的万年村“道德超市”积分卡。“争取再集几张，月底凑一起就可到村委会超市兑换洗衣粉、肥皂或者纸巾了。”手里已经有8张积分卡的黄玉珍想法很朴素。

村妇女主任刘光娥也发现，最近村里这些瓶子、袋子已经很不好找了。“以前的田间地头、房前屋后，有不少废弃的农药瓶袋、有机肥包装袋，既污染土壤，又影响村容。”刘光娥说，因为群众积极性高，这些有害垃圾都被人们捡拾并上交，万年村变得更加干净清爽。

一张积分卡使万年村村貌发生如此之变，源自张场镇党委着眼村级长远发展的新思考：必须破解老百姓“等靠要”思想，调动群众主动参与村级治理和公益事业的积极性，在脱贫“摘帽”后实现产业兴旺、乡风文明、村容美丽的全面小康。

两个月前，万年村结合其他村的“党员村组干部奉献积分”经验，加上镇党委的指导，万年村乡风文明“道德超市”开张。“道德超市”的规则很详细也很直接，以公开的量化积分鼓励党员、村组干部尽责奉献，同时吸引普通村民以志愿服务等两种途径争取积分，1积分等价人民币2元，积分可在“道德超市”兑换等值生活用品。

能换积分的当然不仅限于分拣收集农药瓶、肥料袋，治理生活垃圾、建设湿地池、改造庭院、清河行动、治理畜禽粪污等“先让人居环境美起来”的做法均可获得积分。

万年村第一书记刘强介绍，村内的好人好事、道德模范、家庭整洁、建言献策、产业兴旺、志愿服务等表现都可经过评议认可后获得相应积分。村组干部、党员、村民代表还有积分最低要求，每年累计积分不能少于30分。

万年村党支部书记任清元带头搞“川香至川早”优质核桃品改；4组组长、党员文金令天刚蒙蒙亮就开始在村道上撒生石灰，建起季节性猪瘟防控隔离带；老党员张淑容捡到山下的锁江村村民钱包马上让女儿多方联系失主归还；村民主动参与公益活动，清扫公共区域、帮助残疾人搬运化肥……“道德超市”开张两个月，村情民风悄然发生变化。

以往村上召集会议，参会人员拖拉迟到是常态，今年的“庆七一”党群集中活动却让刘强有些意外。34户建档立卡贫困户早上8点就来到村委会会议室，参加惠民扶贫政策宣讲会。“大家能够脱贫，各级党委、政府的帮扶、支持很关键。”早已靠养羊、搞运输脱贫的村民郭显军说。

每周五，村文书任刚都要将当周“道德积分”排名前3的村民公示在“道德超市”外的电子显示屏上，这次张廷福、骆相臣、王攀分别以11分、10分、6分上榜。任刚的记录本上记着，6月村民到“道德超市”兑换的积分达到169分。任刚说：“花的是小钱，办的是大事。让做得好的村民有成就感、有面子，更能激发群众的主动性、积极性。”

“猪九条”来了！四川出台促进生猪生产保障市场供应九条措施

刊播：四川新闻网（2019年8月26日）

作者：戴璐岭

今日下午，四川省促进生猪生产保障市场供应九条措施新闻发布会在成都召开。四川新闻网记者从会上了解到，四川省农业农村厅、省发改委、省经信厅（全称四川省经济和信息化厅）、省公安厅、省财政厅、省自然资源厅、省生态环境厅、省交通厅、省住建厅、省商务厅、省市场监管局（全称四川省市场监督管理局）、省林草局（全称四川省林业和草原局）和成都海关、人行（全称中国人民银行）成都分行、银保监委（全称中国银行保险监督管理委员会）四川监管局15个部门联合发布了《关于印发促进生猪生产保障市场供应九条措施的通知》。

非洲猪瘟席卷全国31个省份，四川“猪九条”出台

记者了解到，自去年8月3日，辽宁沈阳发生我国首起非洲猪瘟疫情以来，1年多就席卷了全国31个省(自治区、直辖市)。四川省自去年11月15日高县发生首起疫情后，在合江县、新津县、巴州区、盐亭县、若尔盖县、夹江县等地共发生7起疫情。面对突如其来的非洲猪瘟疫情，四川省委、省政府高度重视，目前，四川省已召开14次全省非洲猪瘟防控工作电视电话会议、7次省指挥部全体成员会议，各市（县）也通过专题会议部署、组织开展督导等多种方式，层层传导压力，压紧压实责任，严防死守非洲猪瘟疫情的扩散蔓延。

7月底，四川省政府安排农业农村厅结合当前疫情防控形势，牵头制定促进四川省生猪产业稳产保供的政策措施。四川省非洲猪瘟防控应急指挥部指挥长，省委农办主任、农业农村厅厅长杨秀彬表示：“我们会同14个成员单位，在深入贯彻落实国家政策、广泛调研我省实际情况、积极借鉴外省好做法的基础上，经多次征求省直部门、市（县）、企业、专家的意见和反复修改，形成了今天和大家见面的九条措施，俗称四川的‘猪九条’。”

“12345”，一组数据看九条措施

杨秀彬表示，九条措施的政策性和操作性都很强，主要精神可以用“12345”这一组数据来概括。

“1”是突出一个“稳”字，稳定生猪生产，稳定市场供应。

猪粮安天下，稳定生猪生产，保障猪肉供应，事关“三农”发展、群众生活和物价稳定。“我们是全国生猪养殖大省，也是猪肉消费大省，在老百姓的餐桌上，猪肉占了较大部分。”杨秀彬表示，出台这个文件，目的就是采取一系列措施，提振社会信心、企业信心和民众信心，促进生猪稳定生产和转型升级，增加市场猪肉及其制品的有效供应，把物价水平稳定下来，让广大人民群众能够安心。“同时，我们也要积极扛起政治责任，为全国生猪生产和猪肉供给作出四川贡献。”

“2”是突出两个重点，一手抓疫情防控，一手抓生产保供。

一是加强动物疫病防控。杨秀彬表示，将从5个方面提高综合防治的水平。其中包括：①强化生物安全隔离带建设，对种猪场（含地方猪保种场）以及规模化商品猪场等重点场所周边的生猪散养户进行排查清理，制定“一场一策”的防控方案。②进一步明确禁止使用餐厨废弃物喂猪。推动建立产生者付费、处理者受益的餐厨废弃物无害化处理和资源化利用长效机制。③各市（州）要在2019年年底前完成餐厨垃圾收运处理规划编制工作，力争2020年年底前建成一个餐厨垃圾收运处理示范项目。④省、市、县三级设立种猪、仔猪“点对点”调运指挥办公室，畅通种猪、仔猪“点对点”调运。⑤加快推进生猪运输车辆清洗消毒场所建设，养猪大县要以镇为单位设立清洗消毒站。

二是以稳定生产为基础保障市场供给。杨秀彬表示，主要是以“菜篮子”市长负责制为抓手，从7个方面着手，解决好生猪生产、猪肉供应和社会救助等方面的问题。其中包括：①实行生猪生产红线制度，省政府将生猪出栏量作为“菜篮子”市长负责制的重要考核内容，省“菜篮子”市长负责制联席会议制定生猪生产专项考核方案。②积极探索跨区建立生猪“菜篮子”基地机制，加强生猪及其产品产销对接，特别是成都市等生猪主销区要主动对接主产区，将生猪生产纳入与周边区域同城化、一体化合作内容。③各市（州）、县（市、区）要在生猪基地改扩建、标准化改造、产能提升等方面给予扶持。④各地要取消超出法律法规的生猪禁养、限养规定。对依法划定的禁养区内关停搬迁的养殖场（户），要安排用地支持异地重建，做到“拆一补一”。⑤建立省、市（州）联动储备机制，加快推进冻猪肉储备工作，省级财政积极支持省级收储计划，各地也要落实好地方储备工作。⑥大型企业、学校等单位要主动建立定点供应渠道，稳定供销关系，提高自身供应保障水平。⑦各地要适时启动社会救助和保障标准与物价上涨挂钩联动机制，以保障低收入群众基本生活为重点，及时发放价格临时补贴，按规定适时实施省级救助政策。

“3”是突出“用地、资金、人才”三大要素保障，为恢复生猪生产提供政策支持。

一是优先解决用地问题。杨秀彬介绍，这个文件中有6点新的政策。

①依法依规科学划定畜禽养殖禁养区，科学规划生猪养殖布局，杜绝盲目禁养、限养，不搞"一刀切"，不随意扩大划定范围。②取消生猪生产附属设施用地15亩上限，合理确定用地规模，满足高于最低生猪出栏量的生猪产业发展及配套设施用地需求。③鼓励发展林下养殖，允许在Ⅲ、Ⅳ级保护林地内建设畜牧业养殖设施并优先保障使用林地定额。④鼓励利用低丘缓坡、荒山荒坡、灌草丛地、滩涂等未利用地和地力难以提高、低效闲置的土地建设规模化、标准化养殖场。⑤对当地急需配套建设的大型标准化生猪屠宰企业、大型病死动物专业集中无害化处理厂的建设用地，在年度用地计划中予以优先安排。⑥建立畜禽养殖基本用地保底管理制度，保障养殖场用地需求。

二是统筹财政金融保险扶持政策，强化资金保障。主要从财政、金融、保险和降低成本4个方面提出了12条具体政策措施。

财政政策有5条：①统筹利用好中央和省下达的涉农统筹资金，在完成中央和省级规定的约束性指标后，可统筹用于动物防疫、紧急动物疫病处置救助补助、生猪生产扶持等工作。②进一步完善生猪疫病紧急处置补助救助机制，落实经费保障，对在疫病预防、控制、扑灭过程中扑杀和进行无害化处理的生猪，给予相应生产救助补贴。③各地非洲猪瘟强制扑杀补助要尽快落实到位。④省级财政通过提供生猪生产稳定专项补贴等措施，对受影响较大的生猪调出大县的规模化养猪场(户)实行临时性生产救助。⑤各地要通过财政奖补等方式，重点支持种猪场(含保种场)、标准化养殖场和屠宰厂建设等。

金融政策有3条：①要稳定预期、稳定信贷、稳定支持，对坚持生产的生猪养殖场(户)、屠宰加工企业等不得停贷、限贷。②对种猪场(含地方猪保种场)和年出栏5 000头以上的规模猪场给予短期贷款贴息支持，贷款贴息不超过贷款金额的2%，重点支持企业购买饲料和购买母猪、仔猪。③省级农业信贷担保公司要充分发挥政策性功能，积极为种猪场(含地方猪保种场)和年出栏5 000头以上的规模猪场提供信贷担保服务。

保险政策有3条：①落实能繁母猪和生猪养殖保险政策，对在保险责任范围内的养殖场（户）要及时足额理赔。②拓展开发政策性畜禽生产保险险种，积极推进生猪期货交易。③加大财政保费补贴政策的支持力度，鼓励支持中小养殖户投保生猪保险，推动实现应保尽保。

降低企业生产成本政策有1条：对生猪养殖、种猪繁育用电执行农业生产用电价格。

三是在人才保障方面要健全基层卫生防疫和兽医队伍。主要从6个方面采取有效措施，稳定基层机构队伍：①对借用、占用基层防疫检疫人员编制的要及时归位。②对空缺编制的要及时补充专业技术人员，确保市、县、乡三级防疫检疫人员定员到位。③落实畜牧兽医工作津贴补助政策。④保障监测、预防、控制、扑灭、检疫、监督等动物防疫工作经费和专项业务经费，确保基层动物防疫体系正常运转。⑤加强对传统中兽医技术人员的培养。⑥通过返聘退休畜牧兽医技术人员或购买社会服务等形式，强化基层防控力量。

“4”是突出四项重点工作，推动生猪产业转型升级。

一是完善现代生猪良繁体系。①重点支持部、省级生猪核心育种场建设，支持企业开展种猪选育，加强生产性能测定，提升种猪自主选育能力。②鼓励企业从国外引进良种，更新核心育种群。③加大对乌金猪、雅南猪、藏猪等地方特色优质猪种的保护力度，加快建设备份场，推动产业化开发。

二是大力推进生猪标准化养殖。①支持生猪生产、环境控制、动物防疫、粪污资源化利用等环节的标准化改造和设备更新，推广应用机械化、自动化、智能化设施设备。②将畜禽养殖废弃物处理、病死畜禽无害化处理和资源化利用装备等纳入农机购置补贴范围，实行敞开补贴。③全面开展畜禽养殖标准化建设，推动养猪业现代化发展，今年将继续创建一批省（部）、市(州)、县级标准化养殖场。④支持将年出栏200万头以上，集规模养殖、饲料生产、屠宰加工、冷链物流等于一体的生猪全产业高新技术项目列为省级重大项目。⑤大力推进种养循环，实现种植用地和养殖用地的均衡化配置，优先在粮食生产基地和现代农业园区就地规划和建设相应规模的标准化养殖场。

三是屠宰加工业标准化建设。①落实属地管理职责，大力推进小型屠宰厂（点）清理整合撤并，未取得“两证”的屠宰企业一律停产整治，对整治不达标的依法取消定点屠宰资格。②大力推进屠宰企业标准化建设，支持创建国家级、省级标准化屠宰厂。③落实驻场官方兽医制度，按照屠宰企业不同规模足额配备官方兽医，地方财政要解决好工作经费。④2019年年底前，将所有生猪屠宰企业的相关信息纳入动物检疫证明电子出证系统，实现精准监管，培育一批非洲猪瘟疫情常态存在条件下的高新现代化猪业企业。

四是构建现代流通体系。①支持重点龙头企业建设标准化屠宰厂，发展饲养、屠宰、加工、冷链、配送、销售一体化经营的高新猪业集团。②鼓励生猪就地就近屠宰，减少活猪跨区域(地级市)调运，逐步实现从调猪向调肉转变。③将仔猪及冷鲜猪肉运输纳入“绿色通道”政策范围。④加强对猪肉制品加工企业、食用农产品集中交易市场、销售企业和餐饮企业的监督检查，并依法依规组织开展生猪产品和猪肉制品抽检。

“5”是突出打击五种违法违规行为，维护正常秩序。

一是严厉打击收购、贩运、销售、故意丢弃病猪死猪的违法违规行为，尤其要加大对“炒猪”“洗猪”等违法犯罪行为的打击力度，依法实行顶格处罚。

二是对私屠滥宰、注水注药、屠宰贩卖病死猪等违法违规行为，依法予以严厉处罚，涉嫌犯罪的，依法从严追究刑事责任。

三是对开具虚假检疫证明、不检疫就出证、违规出证以及违规使用、倒卖产地检疫证明等动物卫生证章标志的，依法依规严肃追究有关人员责任。

四是对环保不达标、不符合动物防疫等条件的，或因检测不到位、造假等导致非洲猪瘟疫情扩散的，依法吊销生猪定点屠宰证。

五是强化打击走私生猪产品国际合作，全面落实反走私综合治理各项措施。

着力强化实现稳定脱贫的产业支撑

刊播：新华社（2019年9月1日）

全国产业扶贫工作推进会1日在四川省广元市召开。中共中央政治局委员、国务院扶贫开发领导小组组长胡春华出席会议并讲话。他强调，要深入贯彻习近平总书记关于扶贫工作的重要论述，按照党中央、国务院决策部署，大力促进贫困地区扶贫产业发展壮大，为贫困群众稳定脱贫和逐步致富提供坚实支撑。

胡春华指出，产业扶贫是稳定脱贫的根本之策。贫困地区扶贫产业发展取得积极进展，但总体上还处在探索起步阶段，必须采取更加有力的推进措施。要大力培育特色优质高效乡村产业，因地制宜发展现代种养业，围绕最终消费需求发展农产品加工流通业，依托乡村资源发展新产业。要加快发展壮大县域经济，大力发展劳动密集型产业，加大招商引资力度，以县城和中心镇为主要节点统筹优化产业布局，健全流通体系。

胡春华强调，要加大对贫困地区发展扶贫产业的帮扶力度，把产业帮扶作为东西部扶贫协作和对口支援的实施重点，强化省域内产业协作和对口帮扶，按照市场规律构建企业长期参与机制。要完善支持政策，优化贫困地区营商环境，改善产业发展基础设施条件，加强贫困县劳动力培训。要着力提升产业扶贫带贫效果，充分调动贫困户加入产业扶贫项目，完善企业和贫困户之间的利益联结机制。

牢记总书记嘱托　绣出巴蜀新画卷

四川探索产业扶贫新路子

刊播：全国产业扶贫工作推进会（2019年9月1日）
制作单位：四川省委农村工作领导小组办公室　四川省农业农村厅
协助制作：四川省农业宣传中心

"发展产业是实现脱贫的根本之策。要因地制宜，把培育产业作为推动脱贫攻坚的根本出路。"

——习近平

2017年3月8日，初春的北京暖意融融、生机盎然。习近平总书记参加十二届全国人大五次会议四川代表团审议，用生动形象的比喻、内涵深刻的话语，为脱贫攻坚工作指明了方向。

习近平总书记始终牵挂着四川凉山的彝族群众。2018年春节前夕，总书记再次来到四川时强调，全面建成小康社会最艰巨最繁重的任务在贫困地区，特别是在深度贫困地区，无论这块硬骨头有多硬都必须啃下，无论这场攻坚战有多难打都必须打赢。

总书记的殷殷期望，党中央、国务院的关怀指导，为四川打赢脱贫攻坚战提供了根本遵循和行动指南。

2013年年底，四川共有88个贫困县、11 501个贫困村、625万建档立卡贫困人口，贫困发生率为9.6%。

习近平总书记深刻指出，四川是农业大省，也是脱贫攻坚任务最艰巨的地区之一。防止返贫和继续攻坚同样重要，已经"摘帽"的贫困县、贫困村、贫困户，要继续巩固，增强"造血"功能，建立健全稳定脱贫长效机制。

牢记总书记嘱托，四川坚持把脱贫攻坚作为最大的政治责任、最大的民生工程、最大的发展机遇，下足“绣花”功夫，采取超常举措，以发展产业为根本，以增强“造血”功能为方向，系统谋划推进贫困地区脱贫致富的长远之计，坚决补齐全面建成小康社会的最大短板。

强化顶层设计，聚焦深度贫困

四川着力构建全省脱贫攻坚制度体系，精准聚焦“四大片区”主战场，压实“五级书记抓扶贫”的主体责任，打出“3+10+N”组合拳。

集中力量攻克深度贫困堡垒。彝区、藏区45个贫困县建档立卡贫困人口占全省比例达27.2%，四川省委、省政府始终把45个深贫县作为脱贫攻坚的重中之重，在藏区推进“六项民生工程计划”，在彝区实施“十项扶贫工程”、落实17条特殊支持政策、出台14个方面34条政策举措和16条工作措施，3年新增帮扶资金超过200亿元，综合帮扶力度前所未有。

立足优势特色，发展农业产业

扶贫扶长远，长远看产业。哪里产业发展得好，哪里扶贫的效果就突出、后劲就充足。四川立足自身优势，以“三个精准”构建现代农业产业体系。

精准确定区域发展重点。制定“四大片区”农业产业扶贫规划、88个重点县农业产业扶贫规划和深度贫困地区农业产业扶贫规划，突出不同区域发展特色和发展重点，避免产业同质化。

大小凉山彝区重点发展特色水果、烟叶等；高原藏区重点发展高山蔬菜、牦牛等；乌蒙山区重点发展热带水果、特色养殖等；秦巴山区重点发展茶叶、特色干果等。

精准培育优势主导产业。将产业扶贫与培育现代农业“10+3”产业体系紧密结合，在贫困地区形成一批产业集群。截至2018年年底，仅苍溪县猕猴桃产业总体规模就达到38.5万亩，带动贫困户人均增收5 500元以上。

精准制定农户产业方案。根据各地实际情况，有针对性地制定产业发展方案，实现一村一业、一户一策。

强力推进“三级园区”建设。充分发挥园区的引领带动作用，全省建成各类融合示范园区300余个，实现年综合产值2 000余亿元，惠及2 400多个贫困村，直接带动42万户贫困户入园发展，户均增收1 200元以上。

今年63个省级现代农业园区培育对象中，有25个布局在贫困县，每个园区安排先期培育资金1 000万元，年底获评的星级园区每个还有1 000万～2 000万元奖励。今年四川将在贫困地区新建各级现代农业园区150个。全省累计安排2.3亿元专项资金，支持45个深度贫困县建设现代农业园区，县均支持力度超过500万元。

科学对接市场，加快转型升级

推进产业扶贫，要以市场为导向。按照总书记“带头做好农业供给侧结构性改革这篇大文章”的要求，四川科学对接市场，深耕农业产业链，以“三卖一拓”推动农业产业转型升级，帮助贫困群众致富增收。

做强加工卖产品。在贫困地区布局了一批农产品加工项目，大大提高了贫困地区农产品的附加值，降低了产品滞销风险。全省农产品重点支持项目50%以上布局在贫困地区，2015年以来，贫困地区累计建成农产品初加工设施近6 000座。

挖掘特色卖品牌。实施品牌建设工程，每年在贫困地区遴选一批区域公用品牌和农产品品牌向社会推介，形成了一大批“川字号”贫困地区农产品品牌。2017年以来，累计推介贫困地区优秀农产品区域公用品牌8个、优质品牌农产品45个，累计组织1.2万余家农业新型经营主体参加国（境）内外、省内外各类农业展会100余场。

立足资源卖生态。挖掘贫困地区生态、文化等各类资源优势，实现产区变景区、田园变公园、产品变商品。推动民族地区发展全域旅游，促进农文旅深度融合，阿坝、甘孜、凉山三州和马边、峨边、北川三县已进入国家全域旅游示范区创建。2018年，全省有扶贫任务的县共建设农业主题公园80个、美丽休闲乡村130个。

创新营销拓市场。首创“四川扶贫”公益性集体商标，凡是来自贫困地区的扶贫产品都可以使用，已授权1 225家企业和2 569个扶贫产品无偿用标，今年“四川扶贫”公益性集体商标首次亮相中国国际商标品牌节并获得金奖。创新扶贫销售体系，在全国率先组织开展“以购代捐”，贫困地区农特产品累计销售额达3.21亿元。推进贫困地区农特产品进平台、进市场、进商超、进社区、进机关、进院校、进高速、进餐企。截至2018年年底，直接销售贫困地区农产品12.34亿元，助销贫困地区农产品110亿元。支持贫困地区发展农村电商，在贫困县建成村级益农信息社1.7万个，覆盖全省贫困县80%以上的行政村。2017年，四川省88个贫困县累计实现网络零售额148.7亿元。

创新机制体制，激活关键要素

习近平总书记指出，要通过改革创新，让贫困地区的土地、劳动力、资产、自然风光等要素活起来，让资源变资产、资金变股金、农民变股东。四川秉承敢为天下先的创新精神，以农业农村改革为推动力，不断创新体制机制，持续激活“人、地、钱”三要素。

激活“三种”人。在全省1.15万个贫困村推行“一村一名农技员”制度，开展对口技术扶贫；实施深贫县特聘农技员计划，45个深贫县已聘用281人；探索农业科技人员科技成果在贫困地区转化收益激励政策，激活科技人员下乡创业的带动活力。实施“万名农业科技人员进万村开展技术扶贫行动”，组建千支专家团队巡回指导88个贫困县，安排2 000个巡回小组全覆盖有帮扶任务的非贫困村，完善3 000个基层农技服务机构进村入户与贫困群众并肩战斗。实施优秀农民工回引培养工程，出台系列政策鼓励贫困地区外出人员返乡创业，培育一支带动老乡产业脱贫、引领乡村振兴的生力军。从要素保障、财政支持、金融信贷扶持、人才支撑等方面，制定加强农民工服务保障16条措施、促进返乡创业22条措施、回引培养工程16项规划。深化东西部扶贫协作，广东、浙江两省17个市61个县与四川省68个贫困县建立结对关系，引进落地企业210家，投资90余亿元，带动3.4万人脱贫，2018年两省到位财政援助资金26.34亿元；开展省内对口帮扶，由38名省级领导、86个省级部门联系指导，安排省内经济较发达的7市35县结对帮扶45个深度贫困县，派出11支工作队，5 700多名干部常驻彝区乡村开展综合帮扶，落实政府性帮扶资金18.4亿元、实施帮扶项目1 152个；同时，深入开展定点扶贫和社会帮扶，充分汇聚各界参与扶贫的合力。23个中央、国家部门和374个省级单位投入资金26.89亿元，实施帮扶项目6 673个，7.5万户民营企业和商协会参与，结对帮扶数量居全国第1。

激活“三块”地。率先完成土地承包经营权确权颁证，通过放活农村承包地经营权，贫困群众获得保底和分红收益。盘活空闲农房及宅基地，探索以出租、合作、入股联营等方式发展乡村民宿、休闲农业等新业态。用活节余指标交易，允许贫困地区增减挂钩节余指标在省域范围内调剂使用，将全省增减挂钩指标的80%（16万亩）下达给贫困地区，实现交易8.1万亩，金额240.5亿元，交易数量和金额居全国第1；推动新增耕地节余指标省内流转，贫困地区向发达地区流转3.4万亩，筹集资金7.3亿元；将2.9万亩耕地占补平衡指标纳入国家统筹；在年度新增建设用地中，单列8%～11%的指标，支持冷链物流、农产品加工、休闲农业等农村新产业、新业态发展。

激活“三种”钱。用好财政资金，在88个贫困县全面开展财政涉农资金整合，优先和重点用于支持贫困地区基础设施建设；在全国率先设立贫困村产业扶持基金，覆盖全省所有贫困村，全省各级财政近5年共安排资金65.7亿元，惠及贫困人口116.2万人。创新金融扶贫产品，积极探索农村产权抵押贷款试点；实践“政担银企户”五方联动扶贫；创新推出扶贫惠民小额信贷，推广“扶贫惠农贷”贷款产品，向建档立卡贫困户发放无担保、无抵押扶贫贷款。截至2018年年底，为1 342个新型农业经营主体提供信贷担保6.05亿元，直接联结帮扶贫困户6 000余户1.5万余人，户均增收上万元；全省扶贫小额贷款达152亿元，惠及近150万贫困户，贷款余额居全国第1。用好各类社会帮扶资金，增强社会扶贫合力，“扶贫日”募集的各类捐款重点用于深度贫困县；117户民营企业、商会与凉山州167个贫困村建立“万企帮万村”帮扶关系；在凉山州开展“以购助扶”活动，现场签订特色农产品定向购销协议27.3亿元。

完善利益联结，实现长效脱贫

如何让贫困群众在产业发展中持续受益？四川严格落实习近平总书记“把提高脱贫质量放在首位”“建立健全稳定脱贫长效机制”的要求，加大培育新型农业经营主体的力度，不断发展壮大集体经济，通过就业带动、股份合作、保底分红等形式，带动贫困户参与生产、加工、销售、服务等各个环节，合理分享全产业链增值收益。

加大培育新型农业经营主体的力度。实施龙头企业“排头兵”工程，在贫困地区引进培育龙头企业6 140家，带动161.3万贫困户发展产业，吸纳73万贫困人口就业，人均年收入达1.5万元以上；在贫困地区培育农民合作社7.9万个、家庭农场3.7万家。实施新型职业农民培育行动，将5.5万名贫困农牧民优先纳入培育范围。

加快集体资产折股量化。安排专项资金4.8亿元，率先在全国开展财政支农资金股权量化改革，首创“贫困户优先股”，通过股份合作、产权合作等，推动“三变”改革，壮大集体经济，探索“普惠制+特惠制”贫困户分红模式，提高农民财产性收益。

探索推广“贫困户+园区”模式。通过政策引导、项目资金支持、财政补贴等，鼓励园区经营主体发展产地初加工、农产品精深加工、休闲旅游等业态，让贫困户参与园区全产业链的发展并获得收益。渠县渠南－中滩柑橘现代农业园区通过“土地流转（500元／亩）+务工收入”和“土地入股（保底200元／亩）+产量8%分红”等多种途径助农增收。

探索推广“贫困户＋合作社”模式。优先支持贫困地区发展农民合作社，引导贫困户加入合作社组织。绵阳市安州区永福农机专业合作社实行股份合作扶贫，为定点帮扶贫困村捐股5.3万元，接受24户贫困户产业扶持周转金24万元入股、52户贫困户74亩土地入股，优先聘用贫困户到合作社务工，免费为其提供农资和耕、种、收服务，2018年贫困户共分红11.2万元。

探索推广“贫困户＋企业”模式。引导贫困地区通过利用贫困村产业扶持基金、村企共建、土地入股、盘活闲置资产等方式参股企业，让贫困户和企业主体形成利益共同体。苍溪县四川华朴现代农业股份有限公司通过建设现代红心猕猴桃产业基地和加工、营销平台，创建“四保＋分红”利益联结机制，带动214个贫困村，9 562户贫困户33 834人脱贫，实现人均年收入7 300元。

2014—2018年，四川已有554万贫困人口脱贫。其中，主要依靠产业和就地产业务工脱贫的为303万人，占脱贫总数的54.7%，撑起了脱贫攻坚的“半壁江山”，助推全省脱贫攻坚战取得重大决定性成效。

产业扶贫成效显著

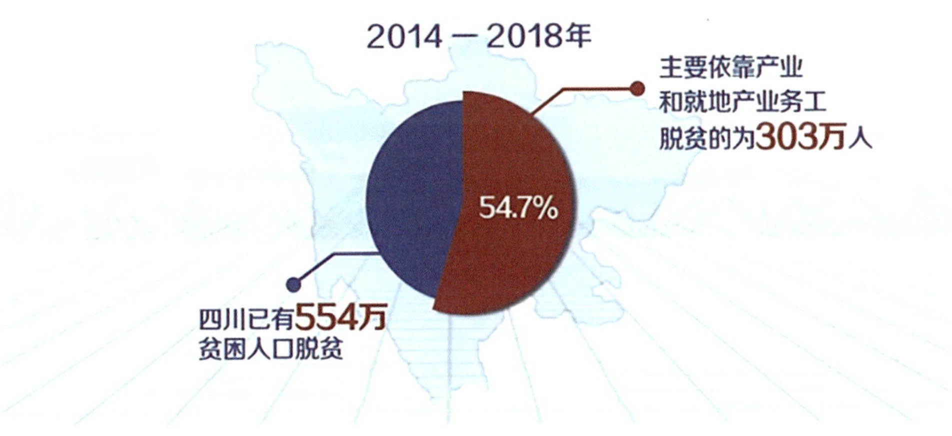

小康路上，一个都不能少！这是以习近平同志为核心的党中央作出的庄严承诺。2020年全面小康“倒计时”已经嘀嗒在耳，四川将牢记总书记嘱托，全力抓好产业扶贫这个脱贫根本之策，持续擦亮农业大省金字招牌，尽锐出战、精准施策，不获全胜绝不收兵，确保与全国同步全面建成小康社会！

奇异果里藏着减贫奇迹

刊播：《四川日报》（2019年9月2日）
作者：侯冲　张明海　向朝伦

8月31日航拍的苍溪天新红心猕猴桃扶贫产业园（肖雨杨摄）

全国产业扶贫工作推进会现场考察走进苍溪，参会代表点赞——一颗小小的猕猴桃，能加工为猕猴桃饮料、果酒、酵素甚至洗衣液等众多产品。

9月1日一早，秦巴山区深处的广元市苍溪县热闹起来，全国产业扶贫工作推进会的现场考察在这里进行。来自河北、陕西、贵州等全国22个脱贫任务重的省份的参会代表们，现场考察了苍溪县扶贫产品加工营销中心、天新红心猕猴桃扶贫产业园、青龙猕猴桃产业技术服务中心3个点位。

猕猴桃，又称“奇异果”，是苍溪县脱贫攻坚主导产业。参会代表们均是来自农业、扶贫等领域的政府官员，边走、边看、边讨论，一颗小小的果子，让他们竖起大拇指：“没想到奇异果里藏着减贫奇迹。”

园区引领：“三园联动”模式带动增收

车队行进在盘山路上，路两侧的天新红心猕猴桃扶贫产业园引起了代表们的注意。车载广播介绍，该产业园覆盖2个乡（镇）9个村，总面积达10 570亩，涉及贫困户545户1 907人，2018年园内贫困户人均可支配收入10 800元。

产业园采用“三园联动”模式带动贫困群众增收。所谓“三园联动”指的是建成1个省级现代农业产业园，而后产业园通过产业统筹、品牌统创、农资统供、产品统销、技术统服，辐射带动周边5个村建设“一村一品”示范园，再带动259户贫困户建设增收脱贫自强园（自强农场）。

在贵州省农业农村厅厅长杨昌鹏看来，“三园联动”模式具有“规模化、规范化、标准化、工业化、现代化”的特点。“我从贵州来，最明白在山区建成这么大规模的农业产业园区有多不容易。”

作为“三园联动”的末梢，自强农场如何发挥作用？这是国务院扶贫开发领导小组办公室开发指导司司长左常升最关心的问题。苍溪县歧坪镇樊家山村村民樊明玉的故事给了他答案。樊明玉是村里的建档立卡贫困户，经营着自家的自强农场。这几年，得益于龙头企业、合作社与自强农场之间实行农资统供、品牌统创、产品统销等，去年樊明玉家人均收入2.5万元。

左常升认为，帮助贫困老乡创建自强农场有诸多可取之处。“将小农户带上了产业发展快车道，更重要的是激发了贫困群众的内生动力，实现从‘要我脱贫’到‘我要脱贫’的转变，杜绝了‘等靠要’思想。”

科技支撑：手机成为重要生产工具

一边是美国国家科学院，一边是大山深处的小村庄，两者如何能联系到一起？这是不少参会代表在苍溪县岳东镇老树村村委会见到邓兴旺时产生的一个疑问。

邓兴旺，美国国家科学院院士、北京大学现代农学院首席科学家，另一个身份是青龙猕猴桃产业技术服务中心的专家。目前，邓兴旺负责率领专家团队开展红心猕猴桃抗溃疡病品种选育、病虫害防治攻关等工作，已成功建成抗溃疡病设施栽培试验基地1 500亩。

“遭了病、治不好，农业产业就发展不起来。”宁夏回族自治区农业农村厅厅长王刚说。苍溪为发展猕猴桃产业，专门请世界一流的农业专家“保驾护航”，对产业发展的推动作用非常大。

有专家“把脉”，更有科技“问诊”。在青龙猕猴桃产业技术服务中心，参会代表们看到，数字化管理平台的一块大屏幕上，不仅显示产业园内土壤、空气湿度、土壤pH等关键数据，还能随时分析作物的长势。工作人员介绍，通过数据分析，可以快速判断出哪些地块长势差，从而进行精准施肥、打药等。

更重要的是，借助这个平台，村民可以通过手机在田间地头与远在北京的农业专家视频连线。反馈的问题会被归纳到管理平台的手机客户端上，随时供其他村民参考借鉴。

“小小的手机，成了农民生产的工具。”山西省农业农村厅厅长乔建军说，没想到在山沟沟里，也能看到高科技、信息化的管理手段被运用在农业上。“要学习四川的先进做法，回去探索如何用科技为农业生产、产业扶贫赋能。”

精深加工：紧盯市场争取社会资本

一路走，一路看，杨昌鹏最感兴趣的是农产品精深加工。苍溪县扶贫产品加工营销中心是他看得最仔细的一个点位，猕猴桃饮料、猕猴桃果酒、猕猴桃酵素、猕猴桃洗衣液……一颗小小的猕猴桃，竟能加工成这么多产品，让他直呼“没想到”！

据了解，该中心引进四川华朴、成都兴食尚等重点龙头企业，大力推动红心猕猴桃、雪梨等农产品加工，开发果汁、果酒、酵素等精深加工产品36

种，带动农户开展农产品销售和务工就业增收。

甘肃省农业农村厅厅长李旺泽则另有见解，他认为，较之工业品，农产品的附加值不会很高，所以农产品应该宜加工加工、宜鲜食鲜食。“你看智利车厘子，漂洋过海到中国后依然能卖好价钱，所以关键是品牌。”

说到品牌，营销中心随处可见的“四川扶贫”公益性集体商标，让不少参会嘉宾印象深刻。得知“四川扶贫”公益性集体商标系四川在全国首创，海南省扶贫工作办公室主任孟励竖起了大拇指。“贫困地区农产品销售一直是个难题。”他认为给扶贫产品统一张贴公益商标，再运用政策帮助扶贫产品进商超、进机关、进社区等，为贫困地区的农产品拓宽了销路，有力助推了消费扶贫。

四川：发布实用生猪复养技术手册

刊播：《农民日报》（2019年9月10日）
作者：张艳玲

9月6日下午，四川省农业农村厅召开恢复生猪生产技术指南推介会，发布由四川省稳定生猪生产专家指导组编写的《非洲猪瘟感染后生猪复养技术手册》（简称《技术手册》），供不同规模养殖场和散养农户在发生非洲猪瘟疫情后拟恢复生猪生产时进行参考。据了解，《技术手册》突出简单、实用，围绕生猪复养的关键环节进行程序化、数字化描述，通俗易懂，可操作性强。

复养须满足4方面条件，缺一不可。《技术手册》分别从猪场清群空栏时间、场内非洲猪瘟病毒现状、引进猪只的非洲猪瘟病毒携带情况以及猪场的保障条件4个方面明确了达到什么条件的猪场可以考虑复养。养殖场若准备复养，必须对照条件进行核查，确定是否具备复养条件。

《技术手册》从“人员管理”“饲料管理”“饮水管理”“物品管理”“车辆管理”“疫病防控”“无害化处理”7个方面简明扼要地描述了复养过程中各个关键环节必须重点关注的问题、具体的执行程序、详细的物料需求等，提供了翔实的养殖过程操作方案。同时，为复产养殖场提供了“非洲猪瘟病毒清除技术”“猪源无毒保障技术”“养殖过程防毒综合技术”3项保障复产的非洲猪瘟病毒消控技术。

专家表示，复产能否成功，“投入品”和“人”是两个关键。《技术手册》明确所有进入养殖场的物品，包括饲料、饮水、兽药、生活物资等，必须全部严格消毒，且严格限定不同物品出现的区域；对不同工作岗位人员的专业技术水平、岗位的严格分工与分区、进出不同区域的消洗程序、个人生活习惯的约束等均进行相应的限定与描述。

此外，完善的、布局合理的、优良的设施设备是复产成功的重要保障。《技术手册》专门讲到设施设备改造升级，对场内区域包括生活区、生产区、无害化处理区的布局、基本条件、管理要求等给出了翔实的改造升级重点和具体操作方案建议，对场外区域包括哨卡、道路、厨房、饲料中转中心、洗消中心等7个方面进行明确约束。

《技术手册》现已在四川省农业农村厅官网发布，供养殖户免费查阅和下载，同时免费分发到各区（县）的《技术手册》也将以最快速度送到养殖户手中。

彝家土豆："穷根子"变身"钱串子"

刊播： 新华社（2019年9月11日）

作者： 黄玥　邹乐　张超群

土豆是彝族人的命根子。彝族人世世代代吃土豆，当地主要粮食作物只有土豆，"命根子"也是"穷根子"。

可如今，"象征着贫困、代言着落后"的土豆，正在经历由"穷根子"向"钱串子"的蜕变。

走进大凉山深处的喜德县光明镇阿吼村彝族老乡家的储粮间，土豆堆了满满一屋。这个村，每户人家种植土豆都超过5亩，1年能产土豆5吨左右。

"过去，这么多土豆，1/3给人吃，1/3当饲料，1/3烂掉。"阿吼村第一书记王小兵回忆，以前阿吼村没有路，与土豆相伴的是大山深处乡村的艰难生存。

变化起于脱贫攻坚。

2016年，村里修好了路，上门向村民收购土豆的人变多了。"每斤1元左右，1年能卖1万多元。"一位彝族村民说。参与帮扶的西昌电力工程有限公司丽火现代农业分公司经理杨永生偶然发现土豆的酿酒口感很好。"土豆钾元素含量较高，能加速发酵，仅存放7个月的土豆酒，口感与陈年白酒类似。"杨永生认为，这是一个值得开发的产业。

他引入酿酒厂，采用"公司＋合作社＋农户"的运作模式，按照每斤0.6元的保底价格收购村民家的土豆，从2018年年底开始生产土豆酒。

"村里的合作社代理销售土豆酒，每销售1斤酒，合作社可以挣30元左右。"杨永生表示，挣的钱会在年底给老乡们分红。

土豆摇身一变成为高附加值的经济作物。在平均海拔2 700米、少有平地，难以开展规模化种植的阿吼村，蹚出了一条发展高附加值经济作物的产业新路，让高寒山区脱贫成果更牢固，老百姓收入更稳定。

“彝族人爱喝酒，却没有能代表自己的一款酒。”杨永生为土豆酒想了一个名字，叫“马上进”，化用了彝族人在尊贵的客人临门还未下马时就“马上敬酒”的风俗习惯，“进”则意味着彝族老乡的发展进步。

酒不醉人，人却用土豆酒唤醒了大凉山蕴藏的勃勃生机。

砥砺奋进七十年　四川农民生活换新颜

刊播：人民网（2019年9月12日）
作者：朱虹

新中国成立70年来，在党中央坚强领导下，四川始终把“促进农民增收，持续改善民生”作为“三农”工作的重中之重，不断拓宽农村居民增收渠道，经过70年的砥砺奋进，特别是改革开放后40年的持续稳定发展，农民收入大幅增长、生活水平持续提高，大踏步地向小康生活迈进。

70年来四川农村居民收入增长的6个阶段

据国家统计局四川调查总队消息，1952—2018年，四川农村居民人均可支配收入由45元增加到13 331元，增长295.2倍，年均增长8.9%。农村居民收入增长大致经历了6个阶段。

一是改革开放前的低速增长阶段。1977年四川农村居民人均可支配收入112元，比1952年的45元增长1.5倍，年均增加3元，年均增长3.6%。二是1978—1990年的较快增长阶段。这一阶段，改革开放解放了农村生产力，农民生产积极性得到释放。1978—1990年，农村居民人均可支配收入由117元增加到558元，增长3.8倍，年均增加37元，年均增长13.9%。三是1991—1997年的快速增长阶段。这一阶段，农村居民收入增长强劲，收入突破千元大关。1991—1997年，农村居民人均可支配收入由590元增加到1 681元，增长2.0倍，年均增长达17.1%。四是1998—2003年的平稳增长阶段。这一阶段，农村居民收入增速有所放慢，但收入水平实现新跨越，人均收入超过2 000元，由1998年的1 797元增加到2003年的2 296元，累计增长

36.2%，年均增长5.3%。五是2004—2012年的持续较快增长阶段。这一阶段，党中央连年以中央1号文件部署推动农村经济发展，农村居民人均可支配收入成倍增长，由2004年的2 599元增加到2012年的7 432元，增长2.2倍，年均增长14.0%。六是2013—2018年的高质量增长阶段。党的十八大以来，党中央、国务院把改善民生放在经济工作首位，高度重视农村发展，深入推进脱贫攻坚，农村居民人均可支配收入突破万元大关，实现高质量增长，由2013年的8 381元增加到2018年的13 331元，增长了79.4%，年均增长10.2%。

收入渠道实现多样化

新中国成立至20世纪80年代，农村居民收入以集体收入为主，收入来源单一，随着国家推进改革开放，强农惠农政策不断加力，农村居民外出务工，增收渠道实现多元化。

工资性收入成为农村居民增收的重要来源。2018年农村居民人均工资性收入4 311元，比1980年的20元增长210.3倍，年均增长15.1%。占可支配收入的比重由1980年的10.9%提高到2018年的32.3%，提高21.4个百分点，对农村居民增收贡献率达到32.6%。

家庭经营收入是农村居民增收的主要动力。2018年四川农村居民人均经营净收入5 117元，比1980年的150元增长33.1倍，年均增长9.7%，占农村居民收入比重为38.4%，在农村居民人均可支配收入四大来源中居首位，对可支配收入增长的贡献率为37.8%。

转移收入成为农村居民增收的重要保障。2018年四川农村居民人均转移净收入3 524元，比1980年增长2 035.8倍，年均增长22.2%，占可支配收入的比重为26.4%，对农村居民增收贡献率达到26.8%。

财产收入成为农村居民增收的重要渠道。2018年四川农村居民人均财产净收入379元，比1980年增长23.4倍，年均增长8.8%，农村居民人均财产净收入占可支配收入的比重为2.8%。

农村居民生活变化巨大，由贫困迈向全面小康

新中国成立以来，特别是改革开放以来，在农民收入快速增长的同时，农民的生活状况也发生了翻天覆地的变化，从摆脱贫穷到解决温饱，再到实现小康。1952年四川农村居民人均生活消费支出仅为41元，到2018年已增至12 723元，增长了309.3倍，年均增长8.9%；恩格尔系数（食品占消费支出的比重）由1952年的72.5%下降至2018年的35.2%。按国际通行标准，四川农村居民生活水平已达到小康水平。

吃的方面：由满足吃饱向注重营养健康转变。2018年农村居民人均食品支出4 552元，比1980年增长39.7倍，年均增长10.2%。1990年以前，四川农村居民食品以粮食、蔬菜为主，其中粮食由1978年的人均164公斤增加到1 990年的260公斤，增长58.5%；蔬菜由1980年的人均147公斤增加到1990年的161公斤，增长9.5%。1990—2018年，肉类、蔬菜消费比重下降，而蛋类、水果等消费比重不断上升。2018年全省农村居民人均消费粮食、油脂、肉类、蛋类、瓜果、奶制品分别为179公斤、12公斤、45公斤、8公斤、27公斤、8公斤，与1990年相比，粮食、蔬菜消费下降33.3%、29.3%，而油脂、肉类、蛋类、瓜果、奶类消费分别增长了2.0倍、1.3倍、3.1倍、8.5倍和19.2倍。

穿的方面：从穿暖向时尚化转变。新中国成立至改革开放初期，农村居民对衣着的需求较为简单，主要是保暖御寒，随着改革开放以后收入水平持续提高，农村居民在穿着上以购买成衣为主，体现个性化，讲究质量和时尚。2018年四川省农村居民人均衣着消费支出716元，比1980年增长40.2倍，年均增长10.3%。

用的方面：耐用消费品加速升级换代。新中国成立至改革开放前，四川农村居民家庭基本没有耐用消费品，到了20世纪80年代，手表、自行车和缝纫机成为部分家庭婚嫁必备的“三大件”；到90年代，冰箱、洗衣机、彩色电视机成为受农村居民家庭青睐的“三大件”。2000年全省农村每百户家庭拥有冰箱4.8台、洗衣机16.4台、彩电34.2台；2018年农村每百户家庭拥有冰箱96.7台、洗衣机90.5台、彩电113.9台，“新三件”基本实现普及，成为农村

家庭生活必需品；进入21世纪，空调、热水器、移动电话、计算机、汽车走入农村家庭。2018年年末，全省农村每百户家庭拥有空调、热水器、移动电话、计算机、汽车数量分别为51.1台、71.7台、258.5部、18.5台、15.5辆。

住的方面：由满足“有住”向讲究“住好”转变。新中国成立以来，四川农村居民的住房经历了从茅草房、土坯房到砖瓦房，再到小洋楼的3次更新换代升级，不仅居住面积增加了，而且日益宽敞明亮，水、电、气配套设施齐全的住房越来越多。2018年四川农村家庭人均年末使用房屋面积为49.2平方米，是1952年人均面积6.5平方米的7.6倍，是1980年人均面积8.8平方米的5.6倍。其中，住房结构为钢筋混凝土、砖混结构的家庭（户）占比分别为22.9%、42.7%。此外，使用水冲式厕所的农村家庭比例达到35.3%，使用管道供水的农村家庭比例达到67.8%，有40.6%的农村家庭以清洁卫生的管道气和电为炊事燃料，59.5%的农村家庭有家用洗澡热水器。

出行和交流方面：从靠走路、写信向乘车、微信转变。新中国成立至改革开放前，农村居民出行基本靠走路，20世纪80年代中期至90年代初，部分家庭有了自行车，90年代到21世纪初，摩托车逐渐成为一些农村居民的出行工具，2010年前后，家用轿车逐步进入农村家庭。2018年年末，四川省农村每百户家庭拥有摩托车48.7台、汽车15.5台，拥有固定电话24.9部、手机258.5部。

就医方面：从有病不看向重视身体健康转变。新中国成立70年来，农村居民的健康意识发生巨大变化，过去是“小病拖，大病扛”，今天则是有点病就往医院跑，特别是农村新型合作医疗制度的建立和推行，使农村居民的医疗卫生得到保障，更加重视医疗保健。2018年全省农村居民人均医疗保健消费支出达到1 345元，比1980年增长497.1倍，年均增长17.8%，比同期消费支出年均增速快5.6个百分点。

文娱方面：从物质满足型向精神享受型转变。随着物质生活不断得到满足，农村居民进行精神文化生活消费的意愿更加强烈，日益重视教育和休闲娱乐。2018年农村居民人均教育文化娱乐消费支出934元，比1980年增长1 830.8倍，年均增长21.9%，占消费支出的比重为7.3%，比1980年提高7.0个百分点；农村居民人均享受型消费支出2 017元，比1980年增长456.4倍，年均增长17.5%，比生存型消费支出年均增速11.1%快6.4个百分点，比发展型消费支出年均增速15.8%快1.7个百分点。

四川13个生猪规模养殖场集中开工

刊播：新华社（2019年9月20日）
作者：陈地

四川生猪规模养殖场建设项目集中开工仪式在仁寿县举行，这是这个生猪养殖大省为稳定生猪生产及保障猪肉供给总体稳定采取的又一重要举措。

据悉，此次集中开工的共有13个生猪规模养殖场，分别在四川成都、眉山、宜宾、广元、广安、泸州、乐山等地同时开工建设；项目总投资额25亿元，建成后将新增生猪产能200万头以上。

“未来一段时间，四川省现代化生猪规模养殖场将迎来集中建设期，到2020年，将新增年出栏生猪1 000万头以上的生产能力”，四川省农业农村厅厅长杨秀彬表示，这将有效填补中小规模养殖场和大量散养户退出的产能空缺，保障四川省生猪生产及猪肉供给的总体稳定，同时也为保障全国猪肉供应作出四川应有的贡献。

据了解，今年8月以来，四川省陆续出台了促进生猪生产保障市场供应九条措施等政策举措，在推进“生猪标准化养殖”“屠宰加工标准化”的同时，通过提供用地、资金等保障，让养殖户敢养猪、想养猪、养得起猪，提振了生产主体的养殖信心。

着力构建现代农业产业体系　加快实现四川由农业大省向农业强省跨越

刊播：《四川日报》（2019年9月25日）
作者：张守帅

9月24日下午，建设现代农业“10+3”产业体系推进会议在成都召开，四川省委书记、省人大常委会主任彭清华出席会议并讲话。他强调，要深入贯彻落实习近平总书记关于“三农”工作的重要论述，念好“优、绿、特、强、新、实”六字经，以现代农业园区为引领，推动十大优势特色产业全产业链融合发展，夯实三大先导性产业支撑，着力构建现代农业产业体系，加快实现四川由农业大省向农业强省跨越。

四川省委副书记、省长尹力主持会议。四川省委副书记邓小刚出席。

（欧阳杰摄）

彭清华在讲话中指出，党的十八大以来，习近平总书记就深化农业农村改革、保障国家粮食安全等发表一系列重要讲话，不断推进“三农”工作理论创新、实践创新、制度创新，推动农业农村发展取得历史性成就、发生历史性变革。习近平总书记对四川“三农”工作寄予厚望，多次作出重要指示、提出重要要求，为我们做好“三农”工作、推进乡村振兴发展提供了根本遵循。全省上下要深入学习领会习近平总书记关于“三农”工作的重要论述，持续在学懂弄通做实上下功夫，坚定不移用以指导四川乡村振兴发展实践，不折不扣贯彻落实到建设现代农业产业体系、推进农业现代化的全过程各方面。

彭清华指出，近年来，我们认真贯彻习近平总书记对四川“三农”工作的重要指示精神，全面落实党中央、国务院决策部署，坚持以农业供给侧结构性改革为主线，着力建基地、育产业、创品牌、拓市场，不断提升农业现代化水平，全省农业生产格局正由粮猪独大向多产业竞相发展转变，经营方式正由传统分散经营向适度规模经营转变，农业业态正由单一的农业生产向三产融合发展转变，发展导向正由注重追求数量增长向数量质量效益提升转变，初步走出了一条符合四川实际的现代农业发展路子。当前，我国农业正处在转变发展方式、优化经济结构、转换增长动力的攻关期，也是四川加快由农业大省向农业强省转变的黄金期。加快建设现代农业“10+3”产业体系，对于发挥比较优势、擦亮四川农业大省这块金字招牌，对于加快乡村振兴发展、重塑城乡关系，对于促进农民稳定增收、实现生活富裕，具有十分重要的意义。

彭清华指出，要着力在优质上做文章，进一步科学布局发展区域，大力建设特色优质农产品基地，建强农业基础支撑，加快构建以国家级产业园为龙头、省级产业园为骨干、市（县）级产业园为基础的梯次推进体系，整体提升农业现代园区竞争力。要着力在绿色上做文章，坚持质量兴农、绿色兴农，切实做好产地污染防治，加大农业面源污染治理力度，大力发展绿色循环农业，严格产品质量监管，提升优质绿色安全农产品供给能力，更好满足人民群众对优质绿色农产品的需求。要着力在特色上做文章，大力实施品牌建设“孵化、提升、创新、整合、信息”五大工程，加强食品行业老字号保护和传承，积极搭建宣传、展示、交流、交易平台，打造更多“川字号”知名品牌，用品牌引领农业高质量发展。要着力在加工增值上做文章，围绕延伸产业链、提升价值链，统筹推进特色农产品产地初加工和精深加工，完善跨区域农产品冷链物流、直销配送体系，大力培育现代农业产业集群，打造一批千亿级、万亿级大产业。要着力在培育新业态上做文章，进一步遵循市场规律，积极培育农业新产业、新业态，深入实施“农业+”系列行动，推动产业发展与乡村繁荣有机结合，促进三次产业融合发展，不断提高现代农业供给质量和效益。

彭清华强调，要切实加强领导，推动各项部署落地见效。坚持党委统一领导、政府负责、农业农村工作部门统筹协调的领导机制，建立健全“省分片、市抓县、县管园”的“10+3”产业体系工作推进机制，进一步完善考核评价体系，构建良好产业生态，提升农业经营主体能力水平，切实把省委、省政府促进现代农业发展的各项部署抓实、抓细、抓出成效。

四川省农业农村厅、省经济和信息化厅、省商务厅、宜宾市、崇州市、四川德康农牧食品集团股份有限公司在会上做了交流发言。四川省委、省人大常委会、省政府、省政协有关领导，各市（州）负责同志，省委农村工作领导小组成员和省直有关部门负责同志，有关中央驻川机构、在川企事业单位和省属科研单位、高等学校、国有企业负责同志，国家级、省级农业产业园区所在县（市、区）党委负责同志等参加会议。

现代农业“10+3”产业体系，即建设川粮油、川猪、川茶、川菜、川酒、川竹、川果、川药、川牛羊、川鱼十大优势特色产业和现代农业种业、现代农业装备、现代农业烘干冷链物流三大先导性支撑产业。

“10+3”产业体系跑出四川农业强省“加速度”

刊播：四川在线（2019年9月25日）
作者：唐代远

9月24日下午，建设现代农业“10+3”产业体系推进会议在成都召开，四川省委书记、省人大常委会主任彭清华出席会议并讲话。他强调，要深入贯彻落实习近平总书记关于“三农”工作的重要论述，念好“优、绿、特、强、新、实”六字经，以现代农业园区为引领，推动十大优势特色产业全产业链融合发展，夯实三大先导性产业支撑，着力构建现代农业产业体系，加快实现四川由农业大省向农业强省跨越。

2019年四川省委1号文件《关于坚持农业农村优先发展推动实施乡村振兴战略落地落实的意见》于3月7日全文发布，并在同日上午召开新闻发布会解读政策。这是2004年以来，四川省委、省政府连续16年以省委1号文件形式部署“三农”工作。擦亮农业大省金字招牌，实现由农业大省向农业强省跨越，制定四川现代农业“10+3”产业体系推进方案，是当前的重要工作。

乡村振兴，产业兴旺是基石。2018年8月，在成都举行的解读四川省委十一届三次全会精神“构建具有四川特色优势的现代产业体系”新闻发布会上，四川省农业厅总经济师肖小余首次透露了打造四川现代农业“10+3”产业体系的发展思路。所谓现代农业“10+3”产业体系，就是川粮(油)、川猪(家禽)、川茶、川薯、川药、川竹、川果(花椒)、川菜、川桑、川鱼10个“川字号”优势特色产业和现代种业、智能农机装备制造、烘干冷链物流3个先导性支撑产业，它们已经是四川省农业最具代表性的产业，是四川农业由大图强的产业载体，从而成为四川省现代农业建设的一大特色亮点。

乡村振兴，产业是重点。梳理敲定现代农业“10+3”产业体系，更是立足优势着眼长远。从近日四川省委、省政府正式印发的《关于加快建设现代农业“10+3”产业体系推进农业大省向农业强省跨越的意见》中也能得到新的讯息，四川将着力从优化布局、抓好重点任务、发挥主体带动作用、强化政策支持等领域入手，通过政府引导、市场主体参与，到2022年，全省第一产业增加值达到5 100亿元左右，农村居民人均可支配收入升至1.9万元左右，涉农地区生产总值达到1.33万亿元。逐个明确十大特色优势特色产业重点县；累计建成高标准农田4 500万亩以上；培育认定省级重点龙头企业1 000户以上，培育省级家庭农场5 000户以上。由此可说，建设现代农业“10+3”产业体系，四川已在向农业强省跨越的快车道上放出大招。

实践证明，所敲定的“川字号”农业产业体系，是结合形势和消费需求变化等确定的具有重要战略地位且产业基础独特、主导地位突出、区域优势明显、发展潜力巨大的重点产业，对发挥比较优势、擦亮四川农业大省这块金字招牌、打造万亿级特色产业具有十分重要的意义。目前，全省创建国家现代农业产业园7个、国家级特色农产品优势区8个、国家农村一二三产业融合发展先导区8个、国家农业产业强镇36个，数量位居全国前列。

“农，天下之本，务莫大焉。”四川是一个农业大省，农业是国民经济的命脉。70年来，伴随着新中国发展与改革的辉煌历程，四川农业农村虽发生了巨大变化，但仍然要把实施乡村振兴战略作为做好“三农”工作的总抓手，久久为功，坚持农业农村优先发展，持续深化农业供给侧结构性改革，切实念好“优、绿、特、强、新、实”六字经，不断擦亮农业大省金字招牌，创新经营模式，让现代农业“10+3”产业体系助力四川在建设农业强省的快车道上跑出“加速度”，将现代农业进行曲进行到底。

带着“中国芯” 红实猕猴桃直飞西班牙

刊播：《四川农村日报》（2019年10月16日）

作者：周金泉　闻亚

10月15日凌晨1时14分，成都双流国际机场，一架航班号为JD0361的客机搭载着160盒红实猕猴桃腾空而起，直飞西班牙马德里，自此开启了四川省成功研发培育红实猕猴桃后在国外市场的探路之旅。

“红实猕猴桃是我们历时15年自主研发的红肉猕猴桃新品种，不仅是‘中国芯’，还是‘四川芯’。红实猕猴桃果形周正、颜色漂亮，而且果心的红色素是所有红肉猕猴桃中最多的。”红实猕猴桃的选育者，四川省自然资源科学研究院首席专家、研究员李明章告诉记者，这次能顺利出口西班牙，得益于该品种于2017年在欧盟获得授权。“在知识产权上，我们提前扫清了障碍。”

红实猕猴桃选育成功后，四川华胜农业股份有限公司（简称华胜农业公司）承担了示范推广的重任。该公司总经理白峰说：“2014年，我们在绵竹市广济镇祈祥村的500多亩基地种植，2016年正式投产。我们发现红实猕猴桃的商品果率是所有红肉猕猴桃中最高的，每亩可采商品果高达2吨，比传统的红阳猕猴桃高1.25吨。投产后，我们主要在北上广等大城市的超市销售，15元/斤，消费者回头率很高。”

为进一步拓展市场，2017年2月，华胜农业公司利用德国柏林举办世界水果展的机会，仅凭几张红实猕猴桃的照片，就引起了西班牙、意大利、法国客商的关注。“去年9月，西班牙一家公司首先与我们接洽，希望给他们品种授权，在巴塞罗那种植。1个月后，他们又专程到我们的果园考察并品鉴了红实猕猴桃，认为非常好。”白峰说，“此次160盒红实猕猴桃运往西班牙主要是试销，每盒2.5公斤，看看市场反应。预计价格为4～5欧元1个，在超市应该一两天卖完。”

据白峰介绍，为打入国际市场，公司早在几年前就通过全球良好农业规范认证，并拥有出口注册果园和出口注册加工厂，这些都是产品出口的必备条件。白峰说：“此次出口试销，我们所用的包装，包括纸箱和木托盘，都经过检测并符合欧盟标准。果实更是精挑细选，不能有病、有虫。”

李明章非常看好红实猕猴桃的国外市场。“红肉猕猴桃为中国独有，而红实又是红肉系列中的新品种，我对红实猕猴桃在西班牙的授权种植有八成把握！”

白峰说：“品种是有知识产权的，其推广需要按计划科学进行。我们打算在国外授权种植红实猕猴桃不超过3万亩，主要由西班牙、意大利、法国、美国、澳大利亚、智利的大公司来做。在国内，未来5年内，我们将在四川盆周山区授权种植1万亩。”

延伸阅读

猕猴桃“中国芯”有多值钱

在猕猴桃拥有“中国芯”之前，新西兰用中国的猕猴桃种子培育出了绿心猕猴桃品种“海沃德”，独家拥有品种权的新西兰佳沃公司在全球赚得盆满钵满，此外，这家公司独家拥有的“阳光金果（G3）”，每年在全球的品种权收益超过7亿元人民币。

中国猕猴桃品种研发水平不断提升，对品种权的重视程度也不断提高，在红阳猕猴桃培育成功后，拥有“中国芯”和“四川芯”的红实猕猴桃和金实猕猴桃也相继培育成功。今年7月，华胜农业公司授权澳大利亚公司种植“黄金猕猴桃HFY01”，仅3 000亩的使用权，1年给华胜农业公司带来的收益就将超过700万元人民币。

华胜农业公司总经理白峰透露，这次飞往西班牙的红实猕猴桃也将采取类似的办法处理，每公顷（15亩）收1 000欧元的“入门费”，同时按照销售收入的3%收取品种权使用费。如果实现国外授权种植3万亩的计划，那么品种权带来的直接收益将接近1亿元人民币。

江油在四川首创小农机具保险

刊播：《四川农村日报》（2019年11月30日）

作者：周金泉　闻亚

四川省无小农机具保险的历史在江油被改写了！今年秋季，江油市创新性地开发了小农机具保险，农户只花100元保费就能买到价值35 000元的保障。11月28日，记者从四川省农机监理总站获悉，这在全省都属首创。

“目前江油的大中型农业机具大都买了保险。但是许多农户自用的小农机具因为不适用牌照管理、没有牌照，保险公司不愿承保。”江油市农机监理站副站长黄长均说，“因而老百姓使用小农机具造成的安全事故都没有渠道得到补偿；而且操作小农机具的大都是老年人，稍微反应不过来就容易受伤，我们看到后感到非常辛酸。”

鉴于此，江油市农机监理站今年与中国人民财产保险股份有限公司江油支公司积极对接、磋商，最终开发出了小农机具保险，从9月中旬开始在江油大力宣传推广。

“农户买1份保险，只需出100元，就可享受35 000元保额，1个农户最多可买5份。”黄长均说，“大中型农机具保险的保费至少是350元。按理说，100元的保费，保险公司都不愿做。我们是与保险公司商量，将小农机具保险作为一项惠农政策，才把保费降到了100元。针对小农机具没有牌照的问题，我们作了一些变通，只要农户提供姓名、身份证号、机型、车架号、发动机号，保险公司就可承保。”

中国人民财产保险股份有限公司江油支公司重客部经理李蓟说：“小农机具保险，之前省内各个保险公司都没有先例。我们逐级申请到北京的总公司，了解到省外有类似先例，于是参照省外先例设计了这款小农机具保险。”

江油的小农机具保险主要针对旋耕机、微耕机、开沟机等小农机具，设有主险和附加险。在1年保期内，小农机具遭受自然灾害、碰撞、倾覆导致损毁，操作手意外伤亡，致第三者人身伤亡或遭受财产损失，投保人均可得到赔付。

江油市太平镇双胜村4组70岁老农雷中路拿到小农机具保险首张保单。他说："9月11日，我在县城农机销售点购买履带式谷物收割机，经工作人员宣传，我花100元买了1份保险。今后万一出事，就有了一份保障！"

目前，中国人民财产保险股份有限公司江油支公司已在江油乡镇设立40余个办理点，"一站式"办理各类农田作业小农机具保险，最大程度地为农机手提供便利。

"现在哪怕针对大中型农机具的保险都很少。而小农机具又比较分散，保险公司办理业务成本很高、利润薄，就更不愿意承保。江油的小农机具保险是全省首创，这是一个好现象！"四川省农机监理总站站长周杉表示，"小农机具保险是农业安全生产的重要保障。待江油的小农机具保险推广达到一定效果，我们就要总结经验，供全省各地参考、推广。"

智慧农业促增收

刊播：《经济日报》（2019年12月13日）

作者：张忠苹

（张忠苹摄）

四川省眉山市岷江现代农业示范园区东坡片区的西南智慧农业项目现场，员工在采摘无土栽培的番茄。近年来，眉山市积极引进一批高效示范性农业项目，着力推进智慧农业建设，引导农业产销向智能化、精准化、产业化方向转变，促进农民增产增收。

四川：擦亮农业金字招牌

刊播：中央广播电视总台《新闻联播》（2019年12月22日）
作者：李默　兰学军

【导语】

2017年，习近平总书记在全国两会期间参加四川代表团审议时强调，四川农业这块金字招牌不能丢，要带头做好农业供给侧结构性改革这篇大文章。四川省牢记总书记嘱托，在建基地、搞加工、创品牌、促融合上下功夫，推进四川由农业大省向农业强省跨越。

【正文】

眼下正是四川人灌香肠、熏腊肉的时节，在广元市苍溪县岫云村，村党支部书记李君正带着乡亲们装箱打包，按照网络订单发往各地。这些带着家乡味道的农产品都有自己的招牌：时光鸡、岁月鸭、年华猪。不但产品深受城里人欢迎，这种模式还得到了总书记的鼓励。2018年2月，在成都召开的打好精准脱贫攻坚战座谈会上，李君作为基层代表，向习近平总书记汇报了岫云村发展产业基地的最新做法。

【同期】四川广元市苍溪县岫云村党支部书记　李君

总书记勉励我说："年轻人好好干。"这6个字对我来说，不仅是一种鼓励，更是一种动力。

【正文】

然而在几年前，李君所在的岫云村却是另一番景象。村民大多种植水稻、玉米、红苕等传统作物，1年下来，每亩地收入不过几百元。要想致富，找准方向是关键。因看好岫云村得天独厚的自然优势，李君决心从生态农业上做文章，想法一说，村民一片质疑。

【同期】四川广元市苍溪县岫云村村委会副主任　侯俊益

我们这里原来是一坝坝的河水田，栽秧子是有保障的，他却要用来养鳖。

【正文】

要想让村民信服，就先得让村民看到效益。一方面，李君把村里撂荒的土地流转过来搞鱼塘；另一方面，发动村里胆大的群众先试点。同时，他利用网络搞起了直播，直播养鳖、养鸡，直播猕猴桃、雪梨等从种到收的全过程。

【同期】四川广元市苍溪县岫云村党支部书记　李君

我们用互联网做宣传，现在我的微信好友接近5 000人，有将近3万个粉丝，他们说我算是个小"网红"。

【正文】

因为种植不施农药化肥，养殖只喂粮食蔬菜，没多久，岫云村的农产品就在网上火了，订单最多时，每天有500多单。

【同期】四川广元市苍溪县白驿镇岫云村村民　李培华

以前鸡、鸭、猪没人收购，现在1年可以卖2万多元。

【正文】

有了效益，全村村民都有了干劲儿，200多户加入合作社。渐渐的，村里不仅形成了红心猕猴桃、中华鳖等多个生态种植养殖基地，还靠着生态品牌和网络渠道，和300多家企业、1 200多个城市家庭签订了2 000多万元的订单。岫云村农产品打出了“川”字招牌。

【同期】四川省农业农村厅特色产业发展处处长　肖祥贵

牢记总书记的嘱托，我们提出了构建现代农业产业体系，不断擦亮农业金字招牌，主要依托四川现有的生产条件、产业基础和资源禀赋构建优势产业，在不同的区域进行规划布局。

【正文】

除了建基地，四川还在搞加工、创品牌、促融合上下功夫，延长产业链条，提升产品附加值。天府龙芽茶叶被做成了饼干，通江银耳变成了护肤面膜，三台麦冬化身为功能饮料，以苍溪猕猴桃为原料的果酒广受好评。

现在，四川已经建成国家现代农业示范区13个、国家农业产业化示范基地13个；建成农产品初加工设施15 000余座，农产品产地初加工率达到53%；形成川粮油、川猪、川茶等在全国叫得响的“川”字号农产品品牌，品牌总产值达1 580亿元。

【同期】四川省农业农村厅副厅长　肖小余

总体目标是形成特色鲜明、结构合理、链条完整、全国领先的产业体系，着力在优质、绿色、特色、加工增值、培育新业态上做好文章，擦亮四川农业大省的金字招牌。

稳生猪生产　促产业转型

刊播：中央广播电视总台《焦点访谈》（2019年12月29日）

转眼之间，又快过年了。每年到了这个时候，菜篮子里的猪肉价格就格外牵动主妇们的心，而肉价高低则取决于供求关系。今年因为受到非洲猪瘟疫情的影响，猪肉供应一度紧张，导致肉价大幅度上涨。9月国务院办公厅发布《关于稳定生猪生产促进转型升级的意见》后，一场生猪产能“保卫战”在各地打响。那么我国生猪养殖业的现状如何？记者日前到四川省生猪养殖大县三台县进行了探访。

四川绵阳市三台县刘营镇的青龙村是远近闻名的养猪专业村，全村440户村民，从事养猪的有84户，大多是小的散养户，村里存栏母猪800多头，每年出栏育肥猪14 000头左右。记者看到，每天都有出栏的育肥猪被卖出去。养猪户们正在陆续补栏仔猪，有两家养猪户正在扩建新的猪舍。

自2018年8月非洲猪瘟疫情在我国发生后，青龙村始终没有疫情发生，猪的健康状况良好，这得益于村里的防控措施做得好。从今年年初开始，青龙村就组织养猪的村民成立了联防队，明确了防控重点，加强了防控措施，如在村外路口设卡、对过往车辆统一消毒、合作社成员轮流值守、养殖区域封闭管理，大家抱团求生存，有效阻止了非洲猪瘟的入侵。

廖军是青龙村的养猪户，前两年生猪市场低迷的时候，他把自家的猪卖完，外出打工去了。

近两三年，青龙村相继有一些养猪户像廖军这样放弃了养猪，全村的养猪户一度减少到61户。去年年底，廖军回到村里，当时猪肉价格已经开始从高价回落。廖军一直在观望，到底该不该重新养猪？他比较谨慎，找到村里养猪合作社的人合计。

大家一起算了笔账，综合计算饲料、人力、设施等方面的投入，用饲料价格计算养殖成本。我国养猪的肉料比大概是1：6，也就是1头猪长1斤肉平均需要6斤饲料。现在额外加1元的生物安全措施费用，综合计算下来，自繁自养猪的养殖成本在每斤7元左右，出栏1头130公斤的肥猪成本大约是1 820元。当毛猪价格达到7元时，可基本实现养殖盈亏平衡。如果购进仔猪育肥，盈亏平衡点就会提高到12元左右。所以即使将来猪肉的市场价格回落，只要生猪出栏价格不低于此，猪依然可养。算清楚了账，廖军重燃起养猪的信心，加入村里的养猪专业合作社，开始投入养猪。

廖军家的一批猪育肥出栏，25头母猪也开始陆续产仔。他新建了700多平方米的猪舍，迎接这批小猪的到来。

近几个月里，青龙村共有20多户像廖军这样的养殖户看到了养猪的发展势头和国家的扶持力度，回到了村里，重新发展养猪，青龙村的生猪养殖户恢复到84户。该怎样帮助这些小的散养户提高抵御风险的能力？青龙村的生猪养殖专业合作社发挥了作用。

2008年，村里的20多户生猪养殖户自发联合组建了养猪专业合作社。经过10多年的发展，合作社现拥有328户成员，辐射带动了周围村的养猪户。合作社采取“七统两分”的模式发展生猪产业：合作社统一挑选优良种猪、统一配送安全饲料、统一提供防疫服务、统一提供融资担保、统一监控产品质量、统一销售生猪产品等，养猪户分户生产经营，分户核算。

今年1—11月，全村出栏肥猪13 600多头，11月底存栏生猪5 900多头，同比均增长了7%以上。

三台县是全国生猪养殖和调出大县，年出栏生猪量常年保持在100万头以上。20世纪90年代，基本上家家户户都养猪，养猪户有十几万户。近两年，散养户逐渐减少，截至2019年11月底，全县养猪户减少到3.3万多户。

记者在三台县走访中了解到，生猪散养户近几年急剧减少的原因之一，是环境污染治理对生猪养殖影响很大。场地、疫病和市场波动是生猪养殖的三大障碍，养猪户缺乏养猪的信心，而非洲猪瘟加速了小散户的退场。猪瘟来袭，最先倒下的是小散养殖户，他们大多不用配合饲料喂养、卫生条件差，也没有足够的资金来建设生物安全设施。

专家指出，中国生猪产业正处于从以散户养殖为主到以规模化养殖为主的过渡阶段。在国家层面，产业转型的思路也开始明晰。2019年9月10日，国务院办公厅印发《关于稳定生猪生产促进转型升级的意见》，提出要大力促进转型升级。一方面支持各地新建、改扩建规模化养猪场；另一方面鼓励龙头企业带动中小养猪场，通过统一生产、统一营销、技术共享、品牌共创等方式，结成稳定的利益共同体。

近年来，三台县相继引进新希望集团等农业产业化龙头企业，依靠这些企业帮助养殖户抵御市场风险，同时在生猪养殖模式上进行了有益的探索。

花园镇八字老村的刚镪生猪养殖场的主人是村里唯一一家加入“公司+农户/家庭农场”大军的养猪户。这个养殖场有两个猪舍，养了800头猪。2014年，养殖场的主人陈碧英跟新希望集团签订了生猪代养协议。双方签订协议后，农户只需要负责商品猪育肥，公司负责提供种苗、饲料、技术指导、疫病防治服务和统一回购销售。

三台县生猪养殖的“公司+农户”模式始于1985年，当时的农户都是养几十头、几百头猪的小散养猪家庭。随着时代变化，“公司+农户”模式也在不断演变。2008年，该模式升级为“公司+家庭农场”模式。目前，这已成为我国养猪行业的一种主要模式。各公司不断推进家庭农场的升级改造，规模化、机械化水平不断提升。目前三台县的家庭农场都是存栏生猪2 000头以上的养殖场。

陈黎是三台县花园镇的养猪户，7年前，他从部队退伍回到家乡养猪，刚开始走的是自繁自养的传统养殖路子，由于经验不足，一直赔钱。

从2013年12月开始，陈黎和铁骑力士集团合作，加入了“公司+农户”的养殖模式。铁骑力士集团是在四川本土成长起来的一家大型食品集团，养殖户的猪苗、饲料、药品都由公司提供，花费多少钱都记在账上。猪养好了由公司回收，去掉前期提供猪苗等成本进行核算，除了每头猪的代养收入，如果市场行情好，养猪户还能获得高于合同卖价部分10%的分红。

除了“公司+家庭农场”的模式，现在各大公司还在大力推进养猪规模更大、标准更高的“公司+养殖小区”的养殖模式。

“公司+家庭农场”“公司+养殖小区”的模式对农户来说，最大的好处是解决了农户的资金问题、降低了养殖风险，种苗、饲料、疫病防治服务等都由公司提供，农户前期只需投入人工、场地和水电。

公司会承诺最低收购价，在行情低迷的情况下，也按最低收购价收购，这样就解决了农户的后顾之忧。陈黎建设了标准化的养殖场，猪的存栏量也发展到了2 000头。

记者在走访中发现，最近由于猪肉价格较高，加上政策利好，各大企业在市场上抢滩占地的竞争越来越激烈，有一定规模的养殖户成了各公司抢夺的目标，这对养殖户来说无疑是一件好事。各公司为了抢夺养殖户，会承诺给农户提供更好的服务、更优厚的利益分成，这无疑增加了养猪户的收入。

2017年，陈碧英结束了和新希望集团的合作。今年，他跟三台县本地的一家饲料公司签约。这家饲料公司为陈碧英提供的服务与其他公司基本一样，除了每头猪200元的保底之外，剩余的利润部分，公司会给陈碧英比较高的分红。

专家指出，非洲猪瘟疫情的发生加速了我国生猪养殖转型升级的步伐，生猪养殖规模化、标准化的水平不断提升。官方数据显示，年出栏500头以上的规模养殖场（户），生猪出栏量占全国生猪出栏量的比重从2010年的34.5%上升到2018年的49.1%。每年平均有430万中小散户退出。

统计数据显示，各项恢复生猪生产的政策效果已经开始显现，加上市场行情的带动，生猪养殖场（户）补栏的信心进一步增强，全国生猪生产开始探底回升。随着生猪出栏量逐步增加，元旦、春节期间猪肉供应将有所增加，整体供需形势有望好于预期。不过这场“保卫战”的意义不只是解眼前的急，它还能推动中国养猪业的模式和布局优化升级。面对考验，很多中小散户联手做大，或者与大型养殖企业合作，养猪更加科学、规范，养殖规模扩大，抗风险的能力更强，对市场的变化也更加敏感，这些变化带来的影响会更加持久。

2020

“洗脚上岸”捕鱼人变护鱼人

长江禁捕了，生计怎么办？

刊播：《四川日报》（2020年1月7日）

作者：张明海

今年1月1日0时起，国家实施长江十年禁渔计划。

就在此前1天，2019年12月31日，从四川省水产局传来消息：截至2019年年底，四川省12个市、41个县（市、区）水生生物保护区退捕任务完成率达100%。“禁捕工作事关生态文明建设和渔民群众的切身利益，是一项艰巨而复杂、长期而系统的民生工程。”四川省水产局相关负责人介绍，四川坚持一手抓长江禁捕，一手抓渔民上岸，坚决筑牢长江上游的四川生态屏障。

完成退捕目标任务
加大渔政执法力度

2019年11月12日，宜宾市翠屏区李庄镇的17户渔民撒完“最后一网”后，正式“洗脚上岸”。

该市在全省率先启动长江渔民退捕上岸工作。长江宜宾段属于长江上游珍稀特有鱼类国家级自然保护区的核心区。“我今年73岁了，6岁就学习捕鱼。”翠屏区李庄镇渔民彭云华表示，大家都很支持上岸，保护长江就是为子孙后代着想。

截至2019年12月31日，四川省12个市、41个县（市、区）水生生物保护区的退捕任务已全面完成，总计退捕渔船3 037艘，完成率达100%，其中，有18个县（市、区）全面（包含保护区和非保护区）完成长江流域退捕任务。

根据安排，到2019年年底，四川区域内40多个长江水生生物保护区完成渔民退捕工作，全面禁止生产性捕捞；到2020年年底，完成全省长江干流和重要支流保护区以外水域的渔民退捕工作，暂定实行10年禁捕；到2021年年底，完成全省长江流域其他水域的渔民退捕工作，暂定实行10年禁捕。

2019年，四川省制定长江流域重点水域禁捕和建立补偿制度实施方案，各地积极推动渔民退捕转产。各级农业农村部门加大渔政执法力度，查处案件622起。

渔民“洗脚上岸”
有事做、有钱赚

2019年12月30日上午，达州市通川区江陵镇码头热闹非凡，巴河岸边架起了锅灶，搭起了圆桌，摆起了“坝坝宴”——渔民庆祝退捕上岸。68户渔民不仅享受了补贴，还能免费接受专业技能培训。

记者从通川区水产渔政局获悉，该区将成立由渔民组成的巴河护鱼队，“捕鱼人”变“护鱼人”，让昔日渔民运用自身本领为家乡水域生态环境保护事业尽一份力。

“捕捞渔民多数是子承父业、世代捕鱼，总体年龄偏大，受教育程度不高，转产转业难度较大。”四川省水产局相关负责人介绍。

为推动渔民“洗脚上岸”，解决渔民后顾之忧，各地积极出台资金、就业等扶持政策。宜宾已经落实退捕工作配套资金2 796万元。“全市组建工作小组60个，走访渔民1 040人，组织重点座谈20多次，摸准、摸清了全市水生生物保护区520户渔民的基本情况、就业创业意愿和文化技能水平。”宜宾市农业农村局副局长张义琅介绍，该市还建立无住房、无社会保险、无生产资料、无就业能力等困难渔民专账和退捕渔民“一表一册一档”信息台账，确保渔民退捕上岸后生产生活有保障。

四川省水产局相关负责人表示，在强化社会保障措施外，正大力开展职业技能培训，加强就业支持服务，鼓励退捕渔民发展绿色水产养殖、休闲渔业等涉水行业，支持他们外出打工或到公益性岗位就业，确保有劳动能力和就业创业意愿的渔民都有事做、有钱赚。

“菜篮子”里的中国年：四川蔬菜摆上港澳居民餐桌

刊播：中国新闻网（2020年1月17日）
作者：徐杨祎

16日14时许，一辆满载着菜心、豆苗等近6吨蔬菜的货车缓缓驶离位于四川省德阳市涌泉村的东升农场。这批蔬菜将经广州运抵香港，并在两天后出现在香港市民的餐桌上。

当日一早，阳光透过清晨的薄雾，照射在农场核心管理区内的1 000亩菜地上，菜心、豆苗、西兰花等蔬菜长势喜人。它们中的一部分将在近几日陆续被采摘、运输，为鼠年春节期间香港蔬菜市场供应保障“出”一份力。

一条水沟旁的菜心地里，55岁的王友萍正在和工友们采摘符合标准的菜心。“长一般在25 ~ 30厘米，尖上的花蕊不宜过多。”王友萍手上动作不停，一根根菜心被整齐地码放在筐内，等待装车。“洋盘(四川方言，洋气之意)得很嘛，我们人都还没坐过飞机，我们的菜就坐飞机到香港去了。”

成立于2006年的德阳东升农场绿色蔬菜有限公司，自2007年开始经广州向香港地区供应蔬菜，并与50多家合作社建立长期合作关系，涵盖了数家当地的种植大户。该公司销售经理洪娟告诉记者，其主要种植粤菜中常见的绿叶类蔬菜，共有近50个品种。“仅2019年就有1 200吨蔬菜供应香港地区，主要通过全冷链的陆路运输和空运两种形式”。

涌泉村63岁的种植大户王道生主要种植豆苗，并固定通过东升农场的渠道将豆苗卖到香港地区及欧盟成员国等，家里的收入较合作前翻了一番。不仅钱包鼓了起来，这位种了大半辈子菜的老人还无比骄傲：“我们这里水质好、土壤好，环境条件十分优越，对种植绿色蔬菜十分有利，香港同胞可以放心食用，没一点问题。”

近年来，四川加大与香港、澳门两地的农产品贸易往来，特别是加强蔬菜供港、供澳合作。2015年，四川农业部门与澳门特区政府民政总署签署“川菜供澳”项目合作协定，将2 000吨四川新鲜蔬菜送上澳门市民的餐桌。四川省农业农村厅提供的数据显示，截至目前，四川省共有涉港澳出口蔬菜备案基地26个，总面积32 150.84亩；共有蔬菜出口备案加工厂37个，以食用菌、野生菌加工为主。

谈及销往香港的四川蔬菜，香港特区政府驻成都经济贸易办事处主任李蕴妍表示，四川地理环境得天独厚，很多特色农产品受到香港市民喜爱。以香港长沙湾蔬菜批发市场为例，有小部分来自四川的产品，包括豆苗、辣椒、香菇等已经在场内批销，而且广受市场买家欢迎。

春节将至，喜爱美食的李蕴妍还向中新社记者介绍了不少可以四川蔬菜为食材的港式贺年菜品。“‘盆菜’起源于香港的围村，有盆满钵满、丰衣足食之意。在一个大盆内一层层叠放食材，足有9～12层之多，用料十分丰富。”李蕴妍说，当中使用了大量不同类型的蔬菜，如生菜、西兰花、萝卜、香菇等。“说不定今年很多香港市民家的‘盆菜’就用上了来自四川的蔬菜。”

习爷爷来过我家　我给习爷爷写封信！

刊播：国际在线（2020年1月19日）
作者：郑建超　冯巧凤

冬日的三岔河乡三河村阳光明媚，四处弥漫着新年的喜庆气氛。

这里位于四川省凉山州昭觉县。1月17日，国际在线四川频道记者走进三河村村民吉好也求的新家。1年前，习近平总书记曾探望他家，那时他全家还住在旧的土坯房里。

2018年春节前夕，习近平总书记不辞山高路远，千里迢迢来到凉山州调研脱贫攻坚工作，并看望、慰问当地的彝族群众，其中就走进过吉好也求的家。当时，吉好也求的女儿吉好有果为习近平总书记唱了一首歌《国旗国旗真美丽》。她唱完以后，习近平总书记带头鼓掌，并称赞吉好有果唱得好，发音很准。

这次记者来到吉好也求的新家，11岁的吉好有果给记者展示了自己最近写给习近平总书记的信，向习爷爷送去美好祝愿，并现场唱起她新学会的歌曲。

吉好有果高兴地说，她新学会的这首歌叫《我和我的祖国》。“我和我的祖国，一刻也不能分割。无论我走到哪里，都流出一首赞歌。我歌唱每一座山，我歌唱每一条河，袅袅炊烟，小小村落……”在吉好有果新家的客厅里，她高兴地唱了起来。

吉好有果目前在昭觉县民族寄宿制学校读四年级，她说她的理想是长大了当一名歌唱家。

“2019年最开心的一件事就是搬新家了，四室一厅，100平方米的房子，沙发、电视、洗衣机、电冰箱等家电齐全，家里还开起了小卖部，购置了一辆三轮车，日子越来越好。”吉好有果的妈妈马海子呷说。据了解，在凉山实施的“五个一”联系帮扶政策的支持下，扶贫干部采取“小额贷款＋产业发展扶持＋安全住房建设＋劳动技能培训＋医疗保障”等措施来帮助吉好也求一家尽快脱贫奔小康。

在三河村新居安置点，村民们正在布置新家，附近的路面也正在进行硬化处理。51岁的彝族村民曲木子刀感慨地说：“搬进新家非常开心，感谢党的脱贫攻坚政策，我有信心在2020年实现脱贫。”据悉，2019年，三河村20多户贫困户实现住房搬迁，集中搬进新房，村民从原来低矮的土坯房搬进规划整齐、敞亮美观的新房。

据三河村驻村第一书记张凌介绍，还没有实现新房搬迁的贫困户将在2020年搬进新房。三河村将对部分旧房进行改造，改造成实景博物馆、教育基地等，用以发展民俗产业、乡村旅游业等，推动三河村的经济实现可持续发展。

据了解，截至2019年年底，四川省凉山州累计有1 772个村退出贫困村，80.14万名贫困人口脱贫，贫困发生率降至4%，为2020年脱贫攻坚全面收官打下坚实基础。

2020年是中国全面建成小康社会之年，作为深度贫困地区之一的四川省凉山州是脱贫攻坚的主战场之一。习近平总书记2018年在凉山州调研时指出，全面建成小康社会，一个民族、一个家庭、一个人都不能少。当前，凉山州的各级党委政府、广大彝族群众正在为实现这一目标作最后的冲刺！

看不见猪跑？放心肉放心吃！

春节前夕探访全国最大生猪养殖省四川生猪生产一线

刊播：《经济日报》(2020年1月20日)
作者：刘畅

2019年，关于猪肉的话题说了一整年。从中央到地方，为了百姓餐桌上别少了“这盘肉”，可以说是想尽了各种办法，如加速进行生猪补栏增产、加大储备肉投放力度、使猪肉冻品库存维持在较高水平、增加猪肉进口数量等。

鼠年春节市场猪肉供应情况如何？记者采访了解到，目前来看，猪肉供需矛盾有所缓解，春节期间不管是猪肉还是替代品，市场供应总体充足，价格也会总体稳定。

春节临近，记者特意来到生猪养殖大省四川，采访养猪场、养猪专业村，调研生猪生产的全产业链复产情况。

“没吃过猪肉，还没见过猪跑吗？”如今这句俗语的字面意思真有点不一样了。如果想吃到健康猪肉，不仅见不到猪跑，可能连猪都见不到了。记者近日在四川多地调研发现，作为一名外来者，没有经过严格的消毒、隔离环节的话，站在一个个闭环式养殖场外，的确“看不见猪跑”。

四川是全国最大的生猪养殖省份，也是猪肉消费大省及主销区，一系列旨在严格防控非洲猪瘟疫情、稳产保供的举措已经落到实处。据四川省农业农村厅厅长杨秀彬介绍，四川生猪生产从2019年10月开始基本趋于稳定，2019年全年出栏4 500万头，超额完成4 008万头的出栏任务。2020年四川将完成6 000万头生猪出栏任务。

无死角生物安全防控

防“非”千万条，生物安全第一条。做好疫病防控工作，是生猪稳产保供的基础。为了彻底阻断非洲猪瘟疫情，曾经习惯散养的养殖户们如今空前统一和团结。

绵阳市三台县刘营镇青龙村是远近闻名的养猪专业村，当前从事养猪的有84户。自非洲猪瘟疫情发生以来，青龙村一直没有疫情发生。“从2019年年初开始，村民们就自发成立了联防队，在村外路口设卡，对过往车辆统一消毒，合作社成员轮流值守，对养殖区域实施封闭管理。”刘营青龙生猪养殖专业合作社负责人唐高银告诉记者。

对存栏规模在500～2 000头的中型养殖场来说，春节前后是养殖户最繁忙的时候。

“非洲猪瘟病毒像是一个坐在轮椅上的杀手，它自己不会移动，需要通过附着物传播。”四川省江油地国农业有限公司江油市新安镇书房村养殖场负责人万廷林向记者介绍，控制猪群移动旨在控制传染源，物理消毒和化学消毒旨在切断传播途径，生物隔离则可以保护生猪不感染病毒，这也是防控非洲猪瘟的最佳方式。

1月8日上午，书房村养殖场工地上，圈舍改建、维修、消毒清洗等增添防控措施的工作进行得热火朝天，因必须赶在2月15日8 400头仔猪入栏前全部完成，农历春节也不得休息。万廷林以圈舍消毒清洗为例记者介绍：“首先用高压热水清洗机整体冲刷，随后用液化气喷灯的火焰依次喷射猪栏、猪床，紧接着进行熏蒸消毒，最后用生石灰粉刷圈舍。”

圈舍外，1 400米管线将12座分料塔与3座总料塔连在一起。“饲料车只能停在养殖场外，饲料通过料塔传输到圈舍。猪出栏时要走‘专用通道’，直接通过升降机运输到养殖场外再装车运走。”万廷林说。

安全、专业、高级别的生物安全防控措施的落地实施，在大型养殖场更为直观。一座巨型水库将高高的铁丝围栏和依山势而建的基地分隔开来，进入养殖区可谓“跋山涉水”——这是四川省羌山农牧科技股份有限公司江油基地给人的第一印象。

基地实行闭环式生物安全防控管理，分设了综合隔离洗消区、专业隔离管控区和生产隔离专控区。工作人员需要经过洗、消、熏、脱、隔离、加压6级管控，共计6天隔离消毒才可以进入生产环节。

指着航拍视频，企业负责人开始介绍基地“大厂房、小单元”液泡粪全漏缝、倒吸式通风生产模式。“各生产环节按工艺分区独立运行，各生产区域严格实行生物安全管控，科学合理地保证了人员、物资、车辆互不交叉。同时封闭式管理和温控系统保证了生产车间不受外源污染。”

目前，四川已连续数月未新发生疫情，疫情呈明显减弱态势。“尽管非洲猪瘟疫情发生没有明显季节性，但随着春节来临，农村有走亲串户、杀年猪、办坝坝宴等习俗，疫情防控还要继续坚持排查到底，不留死角。”四川省动物疫病预防控制中心主任周明忠说。

小规模、低标准养殖在退场

当前，生猪养殖业正处在从以散户为主到以规模化为主的过渡阶段。从国家层面看，产业转型路径越发清晰。2019年9月，国务院办公厅印发《关于稳定生猪生产促进转型升级的意见》，提出要大力促进转型升级。一方面支持各地新建、改扩建规模化养猪场；另一方面鼓励龙头企业带动中小养猪场，通过统一生产、统一营销、技术共享、品牌共创等方式，结成稳定的利益共同体。

据四川省农业农村厅畜牧兽医局局长王世林介绍，四川正在加快实施《川猪产业振兴工作推进方案》，引导生猪大型企业加强产业规划布局、开展标准化规模养殖。同时，充分发挥龙头企业的示范引领作用，以中小规模养殖场（户）标准化升级改造为重点，大力推行“产业化龙头企业+养殖农户”的企业利益兜底模式，不断提高生猪养殖规模化、标准化、产业化水平。

三台县是传统生猪养殖大县和全国生猪调出大县，年出栏生猪量常年保持在100万头以上。20世纪90年代，基本上家家户户养猪，养猪户有10多万户。近两年，散养户逐渐减少，截至2019年11月底，全县养猪户减少到3.3万余户。

“我感觉自己搭上了好政策的顺风车，国家推进规模化养殖，不少企业会主动上门和有一定基础的养殖大户合作。猪苗、兽药、饲料都从公司统一购买。没有本钱，公司还提供担保贷款，有了收益大家共同分成。”2019年6月，三台县刘营镇黄荆村2组养猪专业户魏小勇和绵阳市冯氏饲料有限公司签订了养殖合作合同，并获得免息担保贷款40万元。2019年8月21日，冯氏饲料有限公司提供的401头猪苗入栏。

“农历春节前后，我有一批育肥猪出栏，按照现在的市场行情和合同约定，我和公司按利润四六分成，还完贷款可以赚40万元左右。”魏小勇告诉记者。

与冯氏饲料有限公司签订合同的养殖户养殖规模从500～2 000头不等，这样的模式带动了小农户融入大市场。在江油市、三台县，还有不少产业化龙头企业通过代养模式实现了对养殖户的扶持。

铁骑力士集团通过“龙头企业+家庭农场”的“1211”生猪高效代养模式，确保“1个家庭农场+存栏2 000头+1年养殖周期+年获利100万元”。企业为农户统一设计圈舍，提供猪苗、饲料和药品疫苗，实行标准化管理、合同价回收、品牌销售。“这种模式可以确保家庭农场无重大死亡风险、无重大行情低迷风险、无资金中转负担且有稳定收入。”铁骑力士集团猪业事业部总裁李宗均说。

绵阳市三台县永明镇梓潼庙村生猪代养扶贫示范场负责人李海蓉便是这一模式的受益者。“2019年12月20日，我的猪场出栏肥猪2 000头，出栏保底价是8元/斤，超出部分公司按10%给予奖励，去年的出栏均价是18.5元，高出保底价10.5元。每一头猪我能拿到保底分红约200元，还有340元的二次返利。2 000头猪总收入100万元左右。”李海蓉给记者算了一笔账。

“生猪散养户近年来大幅减少的原因主要有3个方面。第一，散养户缺乏环境污染治理能力。第二，场地、疫病、市场波动风险让散养户缺乏信心。第三，非洲猪瘟来袭，最先倒下的就是小散养殖户，这也加速了传统养殖业转型升级。”李宗均分析。

截至2019年8月，四川出栏500头以上的规模养殖场生猪出栏量占全省出栏总量的47.9%。省级以上生猪重点龙头企业142家，其中国家级龙头企业18家。

种养结合助力生猪产业发展

绿色发展是推进生猪产业转型升级的关键。不少四川养殖场通过种养结合、以种定养实现了废弃物资源化利用，助力生猪产业取得长足发展。

总规划面积57平方千米的三台县麦冬·生猪现代农业产业园覆盖2个乡（镇）20个行政村，是三台县现代农业区与标准化养殖场结合的范例。整个园区以麦冬、生猪为主导产业，麦冬种植面积达2.1万亩，占园区总面积的80%；年出栏生猪22万头、仔猪60万头。

铁骑力士集团枫叶牧场繁育中心位于麦冬·生猪现代农业产业园核心地带，这个繁育中心年可出栏优质商品仔猪50万头。“经过测算，每亩麦冬田可以消纳6头猪产生的粪污，通过管网直供田间，经无害化处理后的粪污可以改善土壤结构，减少商品肥使用量，提高麦冬品质。”李宗均说。

2019年12月11日，齐全农牧集团在遂宁市安居区举行智能化无抗绿色生猪产业化项目签约仪式。项目总投资5.53亿元，将建设年存栏5 000头的智能化全生态立体式种猪繁育场1个。

通过推动种养循环，四川已培育60个种养循环的省级现代农业星级园区，支持建设78个畜禽粪污资源化利用重点县。

四川各地都在有力有效推进生猪复产。2019年12月末，温氏集团在南充市高坪区建设的20万头仔猪繁育场、天兆猪业在南充市嘉陵区建设的5 000头原种种猪场两个项目正式投产运行。铁骑力士集团川藏黑猪基地——江油武都川藏黑猪原种场已于2020年1月初引种投产，这是全国唯一的全自动化、标准化、现代化川藏黑猪核心原种场，计划到2025年出栏1 000万头川藏黑猪。

“四川一手抓非洲猪瘟防控，一手抓恢复生猪生产，两手抓、两手硬。总体上保证了生猪生产趋于稳定，疫情防控趋于稳定。虽然2019年生猪产能有所下降，但只要市场有序，就能够保证让大家过好‘两节’、吃好猪肉。”杨秀彬说。

大凉山盼来好光景
回访四川昭觉县解放乡火普村吉地尔子家

刊播：《人民日报》（2020年2月10日）
作者：王永战　李林宝

这里的实践证明，易地扶贫搬迁是实现精准脱贫的有效途径，一定要把这项工作做好做实。搬迁安置要同发展产业、安排就业紧密结合，让搬迁群众能住下、可就业、可发展。

——习近平

走进大凉山腹地，雾气弥漫，漫山遍野的雾凇琼枝滴露。崭新的乡间公路蜿蜒穿行，白墙灰瓦的彝家新居依山而建，错落有致。

这里是四川省昭觉县解放乡火普村，一个易地扶贫搬迁的新村。

2018年2月11日，习近平总书记乘车沿着坡急沟深的盘山公路，来到火普村看望贫困群众，走进吉地尔子家里，察看住房功能布局，了解一家人生产生活情况。

两年来，受到鼓舞的吉地尔子不等、不靠、不要，积极发展种养业，收入水平大幅提高，家里又有不少新变化。

总书记掀开锅盖称赞很丰盛

“总书记看得特别仔细，问的都是家常，感觉就像自家的吉莫吉西（亲戚）来了一样。”

回忆起总书记来时的情景，吉地尔子十分动情，心里有说不完的话。那天早上，山里浓雾弥漫，到了11点多，总书记来到吉地尔子家时，浓雾散去，太阳出来了。

“总书记看得特别仔细，问的都是家常，感觉就像自家的吉莫吉西（亲戚）来了一样。”吉地尔子带着记者边走边看，他指着灶台说：“总书记先是走进厨房，掀开锅盖看我家吃什么。热气腾腾的洋芋、荞馍馍、腊肉和香肠香味扑鼻，总书记高兴地说，不错，挺丰盛。”

当时，客厅里烧柴的采暖炉已经取代了过去满屋冒烟的火塘。总书记边看边感慨：“一改造大不一样了。”总书记仔细询问采暖炉价格和燃料等情况，还用手背试了试采暖炉的温度。

储藏室里存放着一些圆根萝卜，当地村民种植的这种萝卜口感很好。总书记说，这是好东西，要想办法卖出去。看到院子里的机动三轮车，总书记说：“买了车子，路也修好了，就可以把你们这里特有的优质农产品运到外面去卖，持续增加收入。”

2018年2月13日，村里的干部群众围坐在吉地尔子家，一起收看总书记在凉山考察的新闻报道。那年春节，大伙儿还在他家里看了春晚。

走进吉地尔子家，80多平方米的房子干净整洁，沙发、茶几、电视机等一应俱全。厨房里挂满了过彝族年时灌的香肠和烟熏腊肉，院子里还新建了面积在五六平方米的观景平台。“游客来的时候，可以在这里喝茶观景，眺望村子全貌，我也多了份经营收入。”吉地尔子心里乐开了花。

一年到头有事干、有钱赚

“现在政策这么好，作为一名贫困户，要做到不等、不靠、不要，勤劳才能致富。”

牢记习近平总书记的嘱托，吉地尔子的干劲更足了，脱贫致富的步伐也更快了。

这两年，吉地尔子继续从事种养业，加入村里的农民专业合作社。为了管理好草莓、羊肚菌大棚，他正在学习种植草莓和羊肚菌的技术。“现在政策这么好，作为一名贫困户，要做到不等、不靠、不要，勤劳才能致富。”

说到收入，憨厚、朴实的吉地尔子笑得合不拢嘴，和记者一起算起收入账：卖1头牛收入1万多元；马铃薯每亩年收入2 000元；4亩流转土地，每年收入4 000元，另外还有收益分红；草原补贴、退耕还林补贴、粮食补贴等1年有1 000多元；在村里做保洁，每月有500元；在当地打零工，1天能挣150元。算下来，2019年吉地尔子家人均年收入超过8 000元，而2018年年初，他家人均年收入才4 000多元。

“总书记指出，搬迁安置要同发展产业、安排就业紧密结合，让搬迁群众能住下、可就业、可发展。”解放乡党委书记杨德华介绍，火普村集体经济不断壮大，村民收入越来越高，吉地尔子家就是一个缩影。

目前，火普村建了14.6亩大棚，种植羊肚菌等经济作物，每亩能收入1万多元。村民可以获得土地入股分红和务工收益，还能利用闲暇时间外出务工，这样一年到头都能有事干、有钱赚。

“我还是宣讲员呢！”吉地尔子不仅自己努力干，还参加了凉山州委组织的学习贯彻习近平总书记来川视察重要讲话精神宣讲分队，把总书记对彝族同胞的深切关怀传递到千家万户。

现在的日子“瓦吉瓦”

“将来如果有机会，我一定要请总书记尝尝我做的拿手菜！”

曾经一步跨千年，而今同步奔小康。

吉地尔子的妻子吉色车作，当时与吉地尔子一起引导总书记察看新住房。“总书记来我家时，看了水冲式厕所、太阳能热水器，还问乡亲们是不是能经常洗澡。听到肯定的回答，总书记很高兴。”

吉色车作说，搬迁以前，大家住的都是土坯房，多数人家人畜同住。搬进新房后，在村里党员干部的引导下，村民逐渐摒弃陈规陋习，这两年变化尤其大。

“以前我们彝族没有吃炒菜的习惯。”村支书吉色次哈说，“为此，村里的农民夜校特意开办了厨艺培训班，吉色车作也参加了，她已经掌握了回锅肉等不少家常菜的做法。”

“将来如果有机会，我一定要请总书记尝尝我做的拿手菜！”吉色车作接过话茬。

除了厨艺班，火普村这两年还开展了种植、养殖以及电焊等方面的培训，很多人掌握了一技之长，也提高了致富的本领。

“我们还对村民家里的整洁卫生程度、孩子上学情况以及邻里关系等进行打分，考核优胜的家庭，可以在年底的村民大会上获得奖励。”火普村驻村第一书记马天说。通过持续的宣传引导，大家的生活方式发生了很大变化，特别是养成了勤洗澡、常理发、讲卫生的好习惯。

“现在的日子‘瓦吉瓦’（好得很）！”吉色车作说，“总书记离开村子的时候，我们唱起了彝族民歌《留客歌》，很多人都流下了眼泪。”

“总书记跟我们挥手致意，祝大家幸福安康，早日脱贫奔小康！”吉色次哈说，“现在，火普村已经脱贫了。我们一定好好干，决不让一个彝家儿女在小康路上掉队，请总书记放心！”

天府春耕快板书

刊播：四川广播电视台乡村频道　四川新闻广播（2020年2月16日）
作者：四川省农业宣传中心　四川广播电视台乡村频道

农民朋友大家好
春耕播种要趁早
疫情防控正关键
农事活动也要干
田间地头咋个管
注意以下这六点
认真细致来规划
力保今年收成大
首先要说管好田
小麦油菜和果园
分时分散做农活
保障安全干工作
其次施肥是重点
有机肥料是首选
依照长势来追肥
不要盲目用化肥
条锈病、菌核病
贪夜蛾等病虫害
重点早防和早治
开展统防加统治

备种要去正规店
标签凭证要查验
散装种子无商标
防骗意识要提高
第五育秧早准备
秧田比例好分配
浸种下种泡大田
翻耕耙平做在前
耕种农机和农具
开沟打田又平地
机具保养细检修
安全操作不能丢
以上六点很重要
农民朋友要做到
不过还要提个醒
疫情防控更要紧
龙门阵，都要推
田间地头不扎堆
出门一定戴口罩
回家洗手很重要
科学耕种人健康
才有秋天粮满仓
等到挺过疫情后
喜庆丰收迎小康

天府春耕快板书

、四川省农业农村厅

快板：四川快板兄弟（贾真 熊伟）

农民朋友大家好

科学耕种人健康
才有秋天粮满仓

四川：防控不松懈　春耕不耽搁

刊播：《农民日报》（2020年2月17日）
作者：张艳玲

“手中有粮，心中不慌。”目前，四川省各地正紧锣密鼓地开展2020年春耕备耕工作，做到疫病防控和春耕备耕两不误，为2020年农业丰收奠定基础。

抓好田间精管理。德阳市小麦、油菜基本苗充足，长势好于去年。全市在田冬春蔬菜30.5万亩，生长情况正常，能够确保市场充足供应。绵阳市先后出动农技人员280余人次，深入一线开展疫情防控宣传、查看苗情长势和指导小春作物病虫害监测防控。同时，发布电视预报1期，发送病虫害防控警报短信5 000条，并利用网络技术等新手段培训农户1 300余人次，第一时间科学指导农户开展防控行动。

稳定农资市场供应。绵阳市向全市农药、肥料生产经营单位（户）发出倡议书，要求依法开展生产、经营活动，杜绝借疫情之机囤积居奇、捏造散布涨价信息、哄抬价格等扰乱市场秩序的违法行为。目前，该市利尔化学、台沃等农药、肥料生产企业已逐步复工生产，农药、肥料库存分别达到770余吨和6万余吨，市场供应充足、价格平稳。合江县开展了为期1个月的春耕生产“春雨行动”，为农户提供农资信息和农资配送服务。

做好线上春耕备耕。自贡市强化线上服务，通过电话、广播、发放技术资料等方式提供技术咨询服务，指导农户抓好小春田管和大春备耕。全市解答农户在种植、养殖管理方面遇到的技术问题1.7万余个（次），累计发放技术培训资料19.4万份，线上培训10.2万人次。借助QQ群、微信群向7.8万农户和6 000余个新型经营主体提供农资供应信息，发动农资经销商备好存货，确保正常营业后农资供应不断档。

一颗稻种的下乡路

刊播：《四川日报》（2020年2月25日）
作者：王成栋　樊邦平

春回大地，正是春耕好时节。本月底，四川省水稻生产将从南向北拉开大幕，大春耕种的战鼓将正式擂响。

一年之计在于春，农时不等人。四川省委、省政府要求，各地务必坚持统筹协调，实现农村疫情防控和农业生产“两手抓”“两手硬”。即日起，《四川日报》推出“抢春光·一线探春耕”系列报道，关注四川省统筹疫情防控和春耕生产的举措。

2月23日7时，眉山市东坡区苏祠路112号。

眉山市永久丰种业有限公司负责人代军起床拉开自家门店的卷帘门。此时，附近街道上，汽车马达声和开门声此起彼伏。在这里开店近10年的代军知道，周边的农资分销商们开始装货了。

苏祠路一带是眉山市农资集中分销地。这个春天，此处没有往年的人声鼎沸，数十名分销商却更忙碌。他们每天接单、装车、发货……一刻不停地与时令赛跑。

打电话、发微信，“微商”线上接单忙

7时40分，代军从柜台里抽出一张车辆通行证，上面写着车牌号、姓名和证件有效期。这是新冠疫情发生后，代军办理的第二张通行证，由眉山市农业农村局和交通运输局联合核发。

“没有这个，很多地方过不去，特别是乡村小路。”来店检查的东坡区农业农村局工作人员解释，给农资销售企业颁发车辆通行证是应急之举。2月5日，眉山宣布对村庄和小区实行封闭式管理，严管外来车辆和人员。“每张通行证有效期10天。”该工作人员介绍，到期后持证人到农业部门接受体温测试、密切接触人员排查，确认无异常后换取新证。

36.1℃。测量体温后，代军开始了一天的工作。打电话、发微信……他说，突如其来的疫情，让他和这里的分销商变成了“微商”。

“你要哪个品种的稻种？多少斤？具体地址再说一下。”10时左右，谈成当天第一笔生意后，代军在笔记本上记下客户的名字、需要的种子、地址、电话和已付定金额度。

“杂交稻种每斤35元，玉米种每斤15元，先给一半订金吧。”随后，代军与另一位客户也谈好了价格。用手机查看地图后，他最终确定上午的送货地和路线——东坡区修文镇英雄村，种粮大户陈勇共订购玉米、杂交水稻种160斤。其中，稻种120斤。

“路程短，来回1个多小时，而且量不大，能赶回来吃午饭。其他客户的下午再送。”代军转身进入仓库，不到5分钟就把种子抬出来，并全部塞进了后备箱。

备好车辆通行证，卡点不到1分钟“通关”

“兄弟，你今天去哪儿？”快驶出眉山市区时，代军把车停在眉山市东坡果业有限公司门口。这里有他的老朋友李治福，两人简单交流几句后告别。

“他是卖农药的，我们沟通下信息，好打拼伙（凑份子、合作）。不过今天都不顺路，只能各自跑了。”代军说，车辆通行证启用之初，东坡区组织大部分乡镇以村社为单位进行农资集体采购、集中配送，解决了大部分农户需求。“现在都是些散户，要的货量不大。”

10余分钟后，代军的车在修文镇路口停了下来——前方是当地所设卡点。

“35.9℃，可以了哈。”工作人员查看身份证和车辆通行证后示意放行，并向他传授“快速通关”秘诀：把证件摆在车窗前面，这样下个卡点就会直接放行。整个“通关”过程不到1分钟。

10时35分，汽车稳稳停在陈勇家门口，代军松了一口气。两人很快将稻种全部卸下，运进仓库。

“太感谢了！你看，秧苗畦都整好了，就等种子了。”付完尾款，陈勇挽留代军吃午饭，代军婉言谢绝。此前，村里集体采购农资时，流转了60多亩地的陈勇一直没有选到合适的种子。在乡镇农业技术推广站的帮助下，陈勇才在代军的店里选中了合适的稻种，按照当地节气，最迟本月底，他就要开始育秧育苗。

记者手记：在希望的田野上

（作者：王成栋）

“今年春耕生意难做哦。”一路上，代军算了笔账：光是给客户配送种子，就垫了六七千元油费。

说“难”的还有陈勇。他说，自己和米厂签订的收购合同是指定品种的稻谷。如果买不到种子，他这一季算是白费了。在代军送种子上门前，他几次打算放弃订单。

但谈到未来，两人又不约而同地乐观起来。

“起码这些客户都认可我了。”代军说，自己兼职“快递小哥”这段时间，微信好友列表里多了上千个老乡。其中有相当比例的人已提前下单，预订秋季的油菜籽和小麦种。“他们说，到那时候就不要我再免费配送了。”提到自己的“VIP”客户，代军有些自豪——此前，他一直担心找不到销路。

而忙着整地育秧的陈勇，在庆幸没有误了农时之余，开始扒拉起小算盘：有了指定的种子，自家稻谷每斤能多卖0.12元。按每亩1 200斤算，60亩地起码多收入8 500元。

“我们的家乡，在希望的田野上……”和陈勇分别之际，代军专门拍摄了陈勇家的油菜田，车上放的音乐正是《在希望的田野上》。

疫情面前，这位种粮大户的扩种底气何来？

刊播：川观新闻（2020年2月26日）
作者：侯冲

“突突突！”2月24日上午10时，泸州市合江县白米镇桥上村，宁静的氛围被一阵发动机声打破。

寻声而去，记者看到一台旋耕机正在一块水田间缓慢行驶，刀片把枯黄的稻根、嫩绿的野草一并打碎，泥花飞溅，激起土里特有的潮味儿。

田垄边，老胡背着双手，盯着旋耕机沉默不语。对于这位种粮大户来说，一年中最忙碌的时刻到了。

疫情不得不防，农时不能不抢

老胡名叫胡万超，肤色黝黑、满脚泥巴，让人一眼就能认出这是位地道的庄稼汉。

2013年，老胡带头成立了合江县白米镇超越农机专业合作社，开始流转土地种水稻。如今专合社种植总面积达到750亩，他也成了合江县远近闻名的“田老板”。

种了几十年地，今年是他遇到的最冷清的春耕季。

“要把进度抢回来！”在旋耕机的轰鸣声中，他扯着嗓子告诉记者，受新冠疫情影响，目前每天只有三四名工人耕作，而正常情况下应该是二三十人一起在地里干活。

工人凑不齐，耕地的进度慢了许多。往年这个时候，稻田应该全部耕完，今年才耕了300多亩。专合社共有两台旋耕机，因为会开的人少，只能用一台闲一台。

疫情不得不防，农时不能不抢。疫情来得突然，但老胡作为庄稼地里的“老把式”，脑筋动得更快。

他带记者来到一块育秧田，指着水面说，往年都是育一次秧，今年要分3批次育秧。“怕的就是人手不够，地耕不出来，秧苗一次育完，栽不上就老了。边耕地边育秧，分3批，育秧随着耕地进度走。”

看好再生稻，今年要扩种

“滴！”11点半，专合社门外传来喇叭声，乡镇农资服务站的货车来了。“可把你们盼来了。”二话不说，老胡跟随车师傅一起，把化肥、种子背进了仓库。

“很快要育秧了，没有种子不得行。”老胡说，受疫情影响，目前只拿到了200多斤种子。当日，农资服务站人员给他打了包票，说农资运输陆续恢复正常，种子要多少有多少，这才让他一直悬着的心落了下来。

按理说，今年能抢回春耕农时已实属不易，但老胡不顾妻子反对，做了一个大胆的决定：今年又流转了100亩土地种植水稻，为这事妻子一直埋怨他。

老胡扩种的底气来自再生稻。专合社成立以来就一直种植再生稻。所谓再生稻，即在一季稻成熟之后收取稻穗，留下部分植株和根系，通过施肥和培育，让其再长出新一季稻子，实现“一种两收”。他掰着手指头给记者分析：一是自己流转的土地都很平整，再加之合江县热量充足、光照多、很少起雾或者阴天，天然适合种植再生稻。二是再生稻管理起来比较方便。目前虽然受疫情影响，人手不够，但是一旦种下去，再生稻第二季收割几乎不需要人工成本。目前老胡的再生稻亩产近千斤，扩种100亩意味着可多产50吨稻谷。

“说一千，道一万，还是稻谷种子要好。”蹲在地上，老胡向记者讲起自己的选种经验。

“不能让一种种子在一片稻田里连续种上两年。”他举例，今年这块地种这个品种，那块地种那个品种，明年再把两个品种对调种植。几年下来，就能找到最适合的稻种。

扩种增产后，会不会担心粮食收购价过低而赔本？“咋可能嘛！”老胡拿出手机给记者看新闻。“国家都说了，今年稻谷最低收购价保持稳定，还能适当提高。那担心啥子，甩开膀子干！”

老胡算了一笔账：每100斤稻谷可产大米60斤，如果扩种100亩再生稻，专合社今年预计可增收15万元。“这就是最大的底气！”

记者手记：老胡的变与不变

几千年来，农民这个职业都是望天吃饭，春种秋收，周而复始，亘古未变。但想当一名现代农民，最需要的却是主动求变。

这在胡万超身上体现得很明显。为增产，他先后尝试种植双季稻和再生稻；担心仅靠稻米收购挣不到钱，就引入设备进行精深加工，自己生产大米；为让种子实现最大产出，在地里搞起“同台竞争”，直到选出最理想的种子……

老胡的变，是始终瞄准品质和市场，哪款稻米好吃、价格高，他就种什么。变的背后，是他对增产增收从未改变的渴望，那也是所有农民最朴素的梦想。

采访结束时已近中午，厨房里飘来米饭的香气。“香不香？都是从我的地里种出来的。”他颇为得意地告诉记者，今年要继续采购农机，同时再添一套大米生产设备。

“疫情是暂时的，种地是一辈子的。”虽然现在仍处于疫情防控阶段，但跟过往每个春天一样，老胡依然对丰收充满渴望，且信心百倍。

10架无人机齐上阵　服务超2 000亩油菜田
一个植保专合社的一天

刊播：《四川日报》（2020年2月27日）
作者：张明海

2月25日，遂宁市蓬溪县任隆镇，四川英沃康农业有限公司植保飞手彭超和史莲鑫来到白泥垭村一处农田。“太阳不大，风也很小，地里障碍物不多，非常适合进行农业植保作业。”20多分钟的准备工作后，两架无人机先后起飞。

新冠疫情发生后，为了不误农时，今年有更多像彭超一样的植保飞手追着小春作物的长势，忙碌在全省各地的田间地头。

政府购买植保服务

因油菜经济价值高，人工成本比小麦低，任隆镇平均每户种植油菜三四亩。目前，该镇已成为蓬溪县的油菜种植大镇，共种油菜1万亩以上。

“这段时间正是菌核病容易发病的季节。一旦病发，油菜就容易烂秆子。”分管农业的任隆镇人大主席谭昌鸿掰下一株叶片有些发黄的油菜，用手剖开它的根茎。“一旦烂秆子，里面就是黑的，会大大影响油菜的产量。”

任隆镇每年初春都要进行油菜病虫害的统防统治，由政府统一联系植保作业公司，进行免费防治。

“小春油菜病虫害防治的最佳时期，就是初花期的七八天。”四川英沃康农业有限公司项目经理蔡志强说，要赶在病虫害发生之前防治。蔡志强团队有丰富的植保经验，去年他们参与了大英县3 000亩玉米地草地贪夜蛾的灭治。今年他们也做好了准备，紧密关注各地植保站的动态监测情况。

无人机作业效率高

在任隆镇的植保现场，记者看到，植保飞手彭超一直把无人机控制在油菜上方1～1.5米。“这样能确保喷洒均匀。同时，无人机旋翼形成的风浪会掀起油菜叶片，这样叶背也能喷洒上农药和肥料。”

这次使用的无人机能携带10公斤左右的农药。“可让开花后的油菜豆荚长得更好，油菜颗粒更饱满，实现增产。”蔡志强说。

当天，四川英沃康农业有限公司在任隆镇白泥垭村、八角村、幸福桥村、红一村以及邻近的高升乡门子垭村5个点位同时作业，10架无人机同时上阵，1天可喷洒超2 000亩油菜田。

“又好又快！”当天，67岁的白泥垭村村民任本给植保飞手“打下手”。任本家也种了3亩油菜。“以前，手摇喷雾器打药要花一两天。现在抽几袋烟的时间就能搞定。”但即使这样，蔡志强仍觉得不够。“蓬溪县是浅丘地区。在成都平原，1天至少能喷洒300亩以上。”

蔡志强介绍，这次任务完成后，还有遂宁市船山区的2万亩油菜、剑阁县的万亩小麦“在等着我们”。

“防病保粮”如今更靠技术

每到春天，四川省各地的田野上活跃着这样一群人的身影：他们或操作无人机，或操作机动喷雾器，或操作手动喷雾器。操作的设备不一样，但是目标一致——“防病保粮”。

今年春耕时节和往年不一样的是，既要一手抓新冠疫情的防控，又要提高生产效率。和传统手段相比，专业化的技术手段可大大提高农业生产力，提高农业的风险承受能力。采访中，植保专业合作社负责人也告诉记者，无人机等设备的使用可避免人员密集，减少疫情对春耕生产的影响。不仅如此，无人机植保作业使用的生物农药残留更低，对环境的污染也更小。

“防病保粮”是一场消除病虫害的“战争”，如今更是一场“技术战争”。

2020年四川省委1号文件印发 强调“三农”工作补短板强弱项

刊播：《四川日报》（2020年3月30日）

作者：王成栋

日前，中共四川省委、四川省政府印发《关于推进“三农”工作补短板强弱项确保如期实现全面小康的意见》，即2020年省委1号文件，明确打赢脱贫攻坚战和补上全面小康“三农”领域突出短板两大重点任务，安排部署建设“10+3”现代农业体系、推进“美丽四川·宜居乡村”建设、深化农业农村改革、提高乡村治理水平等重点任务。这也是2004年以来，四川连续第17年以省委1号文件形式部署“三农”工作。

“意见”全文1万余字，共5个部分、26条，包括坚决打赢脱贫攻坚战、保障重要农产品有效供给、分类有序推进农村人居环境整治、深化农业农村改革和开放合作、加强党对农村工作领导五大板块。

在打赢脱贫攻坚战上，四川重点紧盯凉山最后的深贫堡垒，对7个未摘帽县和重点村挂牌督战，全面落实综合帮扶凉山州脱贫攻坚34条支持政策和16条工作措施，尽快完成住房安全、饮水安全建设任务，确保“两不愁三保障”达标。最终完成全省剩下的7个贫困县摘帽、300个贫困村退出、20万贫困人口脱贫的目标任务，确保脱贫攻坚战圆满收官，确保四川省农村与全国同步全面建成小康社会。

在建设现代农业“10+3”产业体系领域，重点是保障粮食安全和恢复生猪生产。具体而言，落实粮食安全省长责任制，以90个粮食主产县和48个产油大县为重点，加快建立一批现代粮油产业园区等。今年粮食播种面积要稳定在9 000万亩以上，粮食总产量稳定在700亿斤左右，油菜籽产量达到

300万吨。同时，确保年内完成生猪出栏6 000万头。

“意见”提出，要补齐四川全面建成小康社会“三农”领域短板，特别是农民收入、基础设施、社会事业和农村人居环境等领域的短板弱项。今年将实现农民工转移就业稳定在2 400万人左右，实现农村居民人均可支配收入增长9%。同时，新（改）建农村公路1万千米，落实中小学教师平均工资收入水平不低于或高于当地公务员平均工资收入水平，确保90%以上行政村生活垃圾得到有效处理、50%行政村生活污水得到有效治理、全省畜禽粪污综合利用率达到75%以上。

在继续深化农业农村改革方面，“意见”要求，聚焦激活农村“人、地、钱”等资源要素，激发乡村振兴活力动力。重点是开展第二轮土地承包到期后再延长30年试点，严格农村宅基地管理，基本完成“房地一体”的确权登记颁证工作，依法稳妥推进农村集体经营性建设用地入市。同时，确保新编县乡级国土空间规划应安排不少于10%的建设用地指标，制定土地利用年度计划时，应安排至少8%新增建设用地指标，保障乡村重点产业和项目用地。此外，还要建立全省统一、相对稳定的乡村振兴财政投入统计科目口径，落实促进返乡下乡创业22条政策措施，实施优秀农民工回引培养工程。

在加强党对农村工作的领导层面，“意见”提出，要研究制定《中国共产党农村工作条例》实施办法，落实党政一把手抓乡村振兴第一责任人制度，建立健全市县党政领导班子和领导干部推进乡村振兴战略实绩考核制度，明确今年要把党的十九大以来中央和省委的“三农”政策贯彻落实情况作为巡视巡察重要内容。

四川省委农村工作会议召开

集中精力抓好粮猪生产　加快建设“10+3”产业体系　开辟乡村振兴新篇章　确保农村全面建成小康社会

刊播：《四川日报》（2020年4月1日）
作者：钟振宇　王成栋　邵明亮

3月31日，四川省委农村工作会议在成都召开，深入学习贯彻习近平总书记关于“三农”工作的重要论述和对四川工作系列重要指示精神，认真落实中央农村工作会议精神，以及四川省委书记彭清华和省委副书记、省长尹力对做好今年“三农”工作的批示要求，总结工作、分析形势，安排部署今年全省“三农”重点工作。四川省委副书记、省委农村工作领导小组组长邓小刚出席会议并讲话。

会议指出，去年全省农业农村保持良好发展态势，新冠疫情发生以来，全省“三农”系统坚持疫情防控和恢复生产两手抓、两手硬、两不误、两促进，最大限度把疫情对农业农村发展的影响降到最低。

会议强调，各地各部门要正确认识疫情影响，增强做好“三农”工作的信心决心，慎终如始抓好农村地区疫情防控工作，牢牢稳住“三农”这个基本盘，千方百计完成粮食扩面增产、使生猪产能恢复到常年水平，着力补上“三农”领域突出短板、着力促进农业为全省经济社会发展作出更大贡献，确保坚决打赢脱贫攻坚战、确保农村与全国全省同步全面建成小康社会。会议要求，要扎实抓好粮食生产，保障粮食安全，不折不扣落实“藏粮于地、藏粮于技”战略，压紧压实粮食安全行政首长负责制，完成高标准农田建设任务，加快补齐水利设施短板，强化粮食科技支撑，圆满实现今年粮食扩面增产目标。要下真功夫完成生猪出栏任务，做到责任落实到位、政策扶持到位、工作推进到位、疫病防控和技术服务到位，全力做好猪肉保供稳价工作。要有力推动“10+3”现代农业产业发展取得更大实效，严格落实工作推进机制，抓实现代农业园区建设，夯实种业、农业装备、烘干冷链物流三大先导性产业支撑，扎实持续推进竹产业高质量发展、建设美丽乡村竹林风景线。要深化农业农村改革，加大力度创新乡村发展用地保障、投入保障、人才振兴机制，做好乡镇行政区划调整改革“后半篇”文章和村级建制调整改革，统筹抓好各项重点改革，进一步增强“三农”动力活力。要把加强党对农村工作的领导、作风转变、督导考核落到实处，以更严的责任、更实的作风推动中央和省委“三农”决策部署落地见效。会议还对深入推进农村人居环境整治、促进农民就业和增收、抓好农业科技发展、农业防灾减灾、“三农”工作宣传、协同推进成渝现代高效特色农业带建设、农业农村经济社会发展“十四五”规划编制作了具体部署。

会议宣读了四川省实施乡村振兴战略工作先进县（市、区）、先进乡（镇）、示范村，四川省星级现代农业园区，2019年度全省农村改革和农民增收工作先进县（市、区）文件。成都、绵阳、广元、内江、南充、眉山6市作了交流发言。

会议以电视电话会议形式开到市（县）。四川省领导杨洪波主持会议，尧斯丹对今年工作作具体安排，刘作明、李云泽、祝春秀出席会议。

实行升降级　星级园区不搞“终身制”

四川省首批35个现代农业园区“上星”

刊播：《四川日报》（2020年4月14日）

作者：王成栋

“还有10多天就该收了，接着就能栽秧子。”4月10日，在油菜田里走了一圈，华斌给出了自己的判断。每天到田里转转，是进入4月以来，这位崇州现代农业功能区管理委员会副主任每天必做的事。

3月31日，在四川省委农村工作会议上，华斌领到了全省首批五星级现代农业园区的奖牌。这让他对今年的小春收割、大春育播格外小心，“怕砸了牌子”。

2018年四川启动全省星级现代农业园区创建行动，首批（2019年度）35个星级现代农业园区已产生。这个荣誉意味着什么？

为啥建

优中选优，带动全省园区提质增效

4月9日，在3.89万亩隆昌市稻渔现代农业园区里，隆昌市农业农村局局长黄体元介绍：去年园区内稻虾综合养殖每亩产值6 000元，比单纯种植水稻的收入高出2倍多。“没有这个园区，就没有隆昌现代农业，乡村振兴也很难谈起。”刚刚拿下五星级名头的这个园区，带动了周边32个村培育特色农业产业基地35万亩。隆昌农民人均可支配收入、农业综合产值等指标也位居全省前列。

在四川省农业农村厅相关负责人看来，星级园区之所以如此受各方青睐，根本原因是其已经成为现代农业要素的聚集区，农业标准化、专业化、组织化、集约化的示范区，科技创新的样板区和绿色循环低碳高效发展的先行区。换言之，能够有效聚集“人、地、钱”和科技等要素，构建了现代农业产业体系、生产体系、经营体系，可以增加农产品有效供给。

此前已有国家级、省级现代农业园区，为何还要评定“星级”？

截至目前，四川省累计创建国家现代农业产业园9个，通过认定3个。同时，全省还有市级现代农业园区203个、县级558个。但这些园区存在着产业同质、发展粗放、特色不鲜明、优势不突出等问题。

四川省委农村工作领导小组相关负责人介绍，创建星级园区的初衷之一，是重构四川省现代农业园区建设体系。“‘上星’是为了优中选优。通过‘比武’的方式，带动其他园区提质增效竞争发展。”启动首批星级园区创建之初，全省共有87个园区报名，经过初步遴选，最终锁定60个培育对象。最终入围不过35个。“淘汰率很高。”

怎么建

聚焦八大指标，跨过资金、用地两道坎

“想要‘上星’，作为现代农业园区，自己要名副其实。”谈及入围全省首届五星级园区的秘诀，华斌给出了自己的答案。在他看来，既然是“优中选优”，园区的首要任务是练好“内功”，拿到“上星”比武环节的“门票”。

“内功”怎么练？依据2018年印发的《四川省现代农业园区建设考评激励方案》，现代农业园区必须通过基地建设、设施装备、产品加工、农业新业态、品牌培育、科技支撑、保障措施和组织方式8个核心指标考核。

“这8个指标涵盖了园区建设、运营等方方面面。”四川省农业农村厅相关负责人介绍，还设置了若干二级考核指标。如基地建设，主导产业要选择“川字号”优势特色农业产业，且主导产业产值占园区农业总产值的90%以上，单位产出效益高于当地平均水平20%以上。

达标并不容易。华斌介绍，园区需要打通投入保障、用地保障等多个关卡。

“整合涉农资金投向园区，引导社会资本参与园区建设，我们是全省最早一批探索的。”崇州市农业农村局相关负责人坦言，星级现代农业园区创建过程中，无论是高标准农田建设，还是配套加工设施，都需要注入大量资金。当地决定：涉农资金打捆使用，并通过招商引资、贷款贴息等把项目资

金集中投向园区，避免项目资金“撒胡椒面”。统计显示，过去两年，崇州先后引入社会主体35家，仅社会投融资和金融机构贷款就在20亿元以上。

除了钱从哪来，另一个难题是地从何来？

“要配套各类加工设施，还有文旅设施等，没有用地指标不行。”华斌坦言，现代农业园区多数位于耕地精华区，如何确保配套设施落实落地，很考验地方的“找地能力”。

“我们给了政策。”四川省农业农村厅相关负责人介绍，各地可将耕地占补平衡、土地增减挂钩项目与园区建设结合，将指标流转部分收益用于园区建设。同时，预留部分规划建设用地指标等向园区倾斜。

咋管理

舞动“指挥棒”，考核决定“升降级”

对入围星级园区，四川省财政每年安排5亿元资金予以一次性奖补，五星级补助2 000万元、四星级补助1 500万元、三星级补助1 000万元。星级园区可谓含“金”量十足。

“但这不代表今后一直能戴着星级帽子。”雅安市名山区蒙顶山茶叶现代农业园区被评为五星级后，区农业农村局相关负责人发表“获奖感言”。首批“上星”园区管理部门负责人均表示出现了危机感。

危机感从何而来？这与星级园区的管理方式有关：实施年度考评、动态管理。已“上星”园区实行“升降级”，每年对已认定的园区进行考核，确定保级、晋级、降级名单，降至三星级以下者直接取消命名并摘牌。如发生重大农业生态环保事故等，不仅取消命名并摘牌，连现代农业园区的资格也将被“一票否决”。

“通过舞动考核这根‘指挥棒’，避免各地躺在功劳簿上睡大觉。”四川省农业农村厅相关负责人介绍，降级了，得到的补贴也将缩水，升级的则要增加。

考核标准还将继续优化细化。前述负责人透露，目前正在制定新的考核方案，选择“上星”的园区将进一步紧扣现代农业“10＋3”产业体系，对已“上星”的将采取比现代农业园区更严格的考核方式，确保“星级”更加名副其实。新版星级园区考评方案将在近期印发。

无人机洒药、App下单……信息“智慧”如何改变农业?

刊播：新华社（2020年4月23日）
作者：高健钧　卢宥伊

无人机洒药、在线技术课堂、大数据管农田、农资农产品线上交易……在今年被疫情笼罩的“春耕图”里，加速普及的智慧农业，正在为许多地方的农户排忧解难，让农业生产顺利渡过“疫情难关”。

智慧农业现在发展到了什么程度？让智慧农业加速普及，还需要补齐哪些短板？

田间农民少了，“黑科技”越来越多

四川省中江县，3 500亩小麦地里几乎不见一个人影。然而在麦地上空，10架植保无人机组成的农药喷洒队忙得一刻不停，进行小麦条锈病、白粉病、蚜虫等病虫害统防统治。

“不到6小时，3 500亩小麦的农药喷洒任务就完成了。当前小麦已到抽穗期，人不能进去；有了无人机，就解决了大问题。”回龙镇党委书记张小江说。

中江县农业农村局植保站副站长刘学兵介绍，今年新冠疫情发生后，中江县加大无人机植保的统防统治普及力度，不仅避免了务农人员聚集，还大大提升了生产效益。

今年春季，记者在四川农村采访发现，田间农民少了，但“黑科技”越来越多：遥感卫星监测、无人机植保、多光谱照相机、在线农技指导……信息技术的不断加持，让农业生产越来越“智慧”。

往年春耕时节，四川农业大学园艺学院的教授和学生会来到田间地头，为农民提供技术指导。今年受疫情影响，农技人员无法下地，急坏了四川省汶川县200余名果农。

就在这时，一堂堂春耕技术培训会及时在“云端”开播。通过视频连线，四川农业大学园艺学院的教授又与他们“见面”了，对小叶病该打什么药、生长过程中果子为何变小变黄等一系列问题进行详细解答，并教授果农特色水果甜樱桃的春季培育技术。

“效果特别好，跟手把手教没啥差别，还不用出门。”一名果农感慨。

数字技术改变农业的产业形态

“传统的农业生产方式已无法满足现代农业生产的需求，必须利用信息技术改变生产方式，提升生产效率。”农业产业专家、四川省川联农业产业化龙头企业协会会长卿成说。

中国互联网络信息中心的统计显示，截至2019年6月，我国农村网民规模达到2.25亿人，行政村通光纤和通4G的比例均超过98%，互联网成为农民解决农业和市场信息需求的最主要方式。

几年前，四川省大邑县农民黄海流转了当地1 000余亩土地，成为一名种粮大户。过去，小春种油菜和小麦，大春种水稻，黄海要雇好几十人帮着浇灌、打药、收割；购买农资时，他要开车到一家家销售门店比对价格；粮食丰收后，还要跑遍县城的烘干收购企业。

“现在只要在手机的吉时雨App上下单，就会有无人机、插秧机等机械代替人工完成所有耕种作业。购买农资、销售粮食也都是在手机上完成，等着人上门，什么都不用操心。”黄海说。

技术不仅带来了便利，更重要的是降低了成本、增加了收益。据黄海测算，原来自己每年生产投入10多万元，收益20余万元；现在投入下降了一半，收益提升了30%左右。

“传统小农户应对不了农业集约化发展，对大市场无所适从；我们搭建的‘吉时雨’智慧平台，采用‘平台+中心+农户’模式，提供‘耕、种、防、收、销、管’全链条、一站式的农业数字化服务。如今农户每亩粮食收入能提升40～60元。”四川润地农业有限公司董事长李宗滨说。

数字技术从根本上改变了农业的产业形态。

在山东寿光，今年的菜博会、种博会首次在网上举办，动动手指就能完成蔬菜线上线下交易，“云种菜”项目还能让人们通过24小时不间断的慢直播观察蔬菜生长。

在江苏泗洪，养猪场推行“猪脸识别”“红外测温”，大数据记录每一头猪的个体特征、生长经历、防疫档案，实现“数字化”养猪。

不久前，中国农业科学院完成一项历经21年的基础性重点科研项目——首次创建了覆盖我国全域的高精度数字土壤。“利用土壤时空大数据对重点农区和流域实现分区、分类、量化管理，能在减少农用化学品投入量的同时增加产量。”中国农业科学院农业资源与农业区划研究所研究员张维理说。

在日前召开的2020中国农业展望大会上，农业农村部部长韩长赋表示，当前应对疫情、灾情和市场波动叠加的风险挑战，迫切需要运用好现代信息手段，从更高层次、更全维度掌握农情变化，加快完善中国农业信息监测预警体系，以信息化引领推动农业高质量发展。

智慧农业须补齐短板、加快升级

业内专家认为，虽然近几年我国智慧农业发展迅速，但大都处于尝试阶段；智慧农业要实现大范围普及，还须补齐短板、加快升级。

与城市相比，目前农村信息基础设施建设仍然滞后，农民使用信息终端水平相对较低；与制造业、服务业等产业相比，农业的数字化应用范围不广、水平不高。

农业农村部、中央网络安全和信息化委员会办公室印发的《数字农业农村发展规划（2019—2025年）》提出，到2025年，我国农村互联网普及率要提升至70%，农业数字经济占农业增加值比重要提升至15%，农产品网络零售额占农产品总交易额比重要达到15%。

推进智慧农业发展，农业人口素质的提升是重中之重。

“村里一直在宣传引导大家用电商平台卖农产品，但我也没上过几天学，不会操作，特别希望能有相关的培训。”中江县龙台镇稻花村村民赖孝琼说，村里大都是像他这样的老年人在务农，由于自身文化水平低，在新技术的学习上存在一定困难。

“要让人才留在农村。现在专门培养农业科技人才的学校和机构十分缺乏，教育资源应该继续向农村倾斜，相关部门要制定中长期的人才培养规划，短期内要加强接地气、实用的农技培训。”长期关注中国农业发展的联合国资本开发基金会数字经济专家丁宇说。

中国农业大学信息与电气工程学院院长张漫等专家认为，我国农业产业集中度偏低，机械化程度不高，难以实现集约化生产。发展智慧农业，要充分发挥龙头企业的带头作用，加快农业人工智能研发应用，培育一批数字农业工厂、数字牧场、数字渔场。

“推动智慧农业发展，还要加强智慧农业的体系建设，强化政府的组织引导和协调作用，形成政府、高校、科研院所、企业协同创新机制，推动数字农业形成‘一盘棋’‘一张网’‘一张表’。”四川农业大学新农村发展研究院副院长周伦理说。

扎紧“粮袋子” 激活“人地钱”

一手抓疫情防控，一手抓农业生产，四川省春耕生产有序展开

刊播：《四川日报》（2020年4月26日）

作者：王成栋

4月，川南兴文县大坝苗族乡，到处是返青的稻秧。到4月20日，种粮大户卢建文已完成秧苗移栽2 400亩，进度比往年快了1周。卢建文计划今年种植水稻3 000亩，其中300亩是以代耕代种等方式复垦的撂荒地。

在今年春耕生产中，四川省一手抓新冠疫情防控，一手抓农业生产。巴蜀大地的田野上，耕作正当时。

扎紧“粮袋子”，实招迭出抢抓农时

“我今年种水稻1 800亩，比去年多种300亩。”3月21日，数百位嘉宾齐聚泸州市合江县白米镇黄金山村，一场别开生面的水稻移栽仪式在这里举行。参会的种粮大户将自己今年的种植面积写在纸上，当众朗读。

黄金山村打响了四川大春播栽的“发令枪”。在疫情冲击之下，作为产粮大省，四川省必须确保粮食供给平衡和口粮基本自给。

一年之计在于春。大春粮食产量占全省年产粮量八成以上。1月底，四川省研判，疫情之下必须更加重视保障重要农产品有效供给。随即从农资生产、运输和销售等关键环节入手，实招迭出。

动手早。1月30日，四川省应对新型冠状病毒肺炎疫情应急指挥部发出公告，要求全省企业自2月3日起逐步复工。至2月中旬，全省7家大型重点肥料企业、196家种子企业基本复产。随后落实分区分级防控措施和“一断

三不断”要求，逐步撤销防疫检测点，全力打通农资运输“最后一公里”，全省大春备耕步入快车道。2月底，全省春耕农资生产销售运输已恢复至接近常年水平。

截至4月16日，全省已育水稻秧苗可满足移栽2 581万亩，占计划用量九成以上，进度较常年提前1周。

行动快。1月底，四川省委农村工作领导小组下发紧急通知，明确全省大春大豆、水稻、马铃薯、高粱和玉米五大粮食作物播种面积增加100万亩，确保再生稻种植400万亩，力争全年粮食增产5亿斤。结合各地自然禀赋和土地利用现状，紧急通知将任务分解至市（州）和县（市、区），并给出实现路径——“藏粮于技”和“藏粮于地”。

南充市西充县青狮镇6村领到大豆扩种增产任务后，第一时间请来南充市农业科学院大豆研究所所长张明荣，用半个月为村民传授大豆玉米间作套作技术；川北广元仅用时3周便摸清撂荒地底数，明确复耕任务和扩种粮食种类……

疫情发生以来，四川重要农产品供给始终保持稳定，农业生产有序展开。

绘好“施工图”，推动各项措施落实

“每一块地种什么，都要弄清楚。”4月21日，蒲江县农业农村局局长刘富程收到各乡（镇）播种计划表。让刘富程积极行动的是一根根“指挥棒”：粮食安全行政首长负责制、耕地复垦复耕激励政策……

从顶层设计入手，四川变困难为机遇、变压力为动力，强化考核机制，推动各项农业稳产增产措施落到实处。

建章，厘清目标和责任。与全省100万亩、5亿斤扩种增产任务一起下达的，还有一条“死命令”：压实粮食安全行政首长责任制，扩种增产任务不达标的县和园区，涉农考评和奖励实行“一票否决制”。

逗硬考核靠严密的制度，撸起袖子加油干考验的是实干。作为粮食稳产增产先导性和基础性工程的高标准农田建设，则是真正的舞台。

年度380万亩高标准农田主体工程和46万亩高效节水灌溉建设任务，要在5月底前完成。四川省委农村工作领导小组要求，确保土地“赶”上大春栽播，不误农事。

达州市宣汉县提前下达10亿元涉农资金，目前已建成高标准农田27万亩。今年开始，曾经的坡耕地和“望天田”，有望变成“旱能灌、涝能排”的“吨粮田”。

实干，还需要更大力度、更高标准。今年开始，四川省高标准农田建设每亩最低按3 000元补助执行。1年内，单位面积投入增50%。除原材料、设备和人力等成本考量外，“不降标准、不降要求”是更大动因。

“产得出”也要“卖得好”。3月初，农产品产地集配中心和烘干中心建设启动。预计到9月底，水稻收割前全部投用，全省日烘干能力有望达80万吨以上。

激活“人地钱”，蓄积长远发展动力

“今年全部种粮。”4月20日，测量人员进驻村里后，眉山市青神县瑞峰镇黄桷村村民刘敏香作出采购秧苗的决定。给刘敏香吃下种粮“定心丸”的，是年初开始的全国首批第二轮土地承包到期后再延长30年试点，改革的主题是土地承包关系长久不变。青神是试点县之一。

四川春耕生产围绕“人、地、钱”做文章，蓄积长远发展动力。

破冰，从激活“人”开始。2月出台的代耕代种代管奖补方案明确了谁种地、谁受益，在明确土地权属的基础上明确利益分配格局。

在德阳市罗江区白马关镇广济村，“80后”家庭农场负责人张印森正忙着平整土地。今春，他负责1 500亩水稻种植。

他与农户签订了协议，明确代耕代种、土地流转等模式下的收益分配模式。

激活“地”，从“稳”“增”入手。除试点第二轮土地承包到期后再延长30年外，四川率先启动撂荒地复垦复耕激励试点，不断唤醒“沉睡”的耕地。目前，全省已有30余万亩撂荒地“重生”。

种地如何挣更多的钱？今年起，四川省首次将大豆种植纳入补贴范围，并整合粮食产业支持资金提高补贴标准。同时，增加机具品目、提高补贴标准，推广复合种植、稻田养鱼等高附加值种养业模式……一招一式，激发农户种粮积极性。

改革红利不断释放。在眉山市彭山区凤鸣街道金烛村，依靠26台机械，成林农机专业合作社拿下周边1万余亩水稻从育秧到收割的劳务订单。借助代耕代种、土地托管，巴中市恩阳区花丛镇南岳村七旬老汉蒋桂全家的7亩撂荒地全部复垦。

截至目前，四川省已完成大春粮食播栽2 482万亩，占计划播栽量的31.7%，比往年同期高出0.2个百分点。一季度，全省生猪存栏2 986.7万头，环比增长4.04%，实现连续5个月增长。

藏粮于地　藏粮于技

四川省成都市把农业标准化有机融入农业产业生态圈建设

刊播：《光明日报》（2020年5月7日）

作者：李晓东　周洪双

2017年3月8日，习近平总书记在参加十二届全国人大五次会议四川代表团审议时强调，我国农业农村发展已进入新的历史阶段，农业的主要矛盾由总量不足转变为结构性矛盾，矛盾的主要方面在供给侧，必须深入推进农业供给侧结构性改革，加快培育农业农村发展新动能，开创农业现代化建设新局面。近年来，四川省成都市认真贯彻习近平总书记重要指示精神，不断打造、培育都市现代农业产业圈和现代农业产业功能区，走出了一条将农业标准化和都市现代农业产业生态圈紧密结合、相融互促的新路，使农业农村发展的新动能更加强劲，助力实现农业强、农村美、农民富。

“水旱从人，不知饥馑。”四川成都农业自古发达，有着“天府之国”的美誉。近年来，成都将全市产业规划为14个产业生态圈和66个产业功能区，其中就包含1个都市现代农业产业生态圈和7个现代农业产业功能区。

经过不断探索实践，成都以7个现代农业产业功能区为载体，把农业标准化有机融入都市现代农业产业生态圈建设进程中，深入推进农业供给侧结构性改革，着力构筑都市现代农业新高地。2019年，成都市农业增加值631.8亿元，在全国副省级城市中名列前茅。农业这个古老的产业，在古老的“天府之国”，呈现出崭新的面貌。

科技引领，生产标准化加速推进

开陇、摆盘、覆膜……4月24日，位于成都邛崃市的天府现代种业园内，在此务工的当地农民袁桂芳在技术专家余俊奇的指导下，正用“暗化叠盘育苗技术”培育水稻秧苗。

“暗化叠盘”是一种新的育秧技术，在标准尺寸的矩形秧盘中植入种子后，叠起来放在暗处保温保湿出苗。大规模种植时可由机器一次性完成上底土、喷水、播种、盖籽等多道工序，实现盘土量适宜平整、播量准确均匀、覆土盖种均匀全面，保证秧苗出苗整齐、生长均匀、苗质粗壮。标准尺寸的秧盘也便于进行下一步机械化插秧。

“用这种技术育苗，50克种子可实现传统育苗方式90克种子的收成。”余俊奇说，该技术可实现“像工厂一样的标准化生产”，由专业育秧中心“叠盘出苗”，集中控制育秧过程中影响产量的关键因素，解决了一家一户育秧难以实现标准化的问题，为培育壮秧、获取高产奠定基础。同时，该技术还大幅度节约了土地和人力，育秧成本明显下降。

作为长江中上游水稻新品种展示基地，天府现代种业园于2019年应用“暗化叠盘育苗”“种肥药一体化”及绿色防控、规模化节本增效等栽培技术，集中示范性种植了长江上游的近200个水稻新品种。今年，参与示范性种植的水稻新品种数量增加到近300个。

栽种这些水稻所用的土地，是从袁桂芳所在村流转而来的。袁桂芳说，在这块土地上，以前各家各户用传统的方法种植，又苦又累，收成还好坏不一。现在，种业园进行标准化种植，每株水稻都长得同样壮实。

“同样的土地，种子不一样、技术不一样，收成就不一样。”天府现代种业园是成都7个现代农业产业功能区之一，规划面积达95平方千米，聚焦粮油、畜禽、水产、蔬菜等种业全产业链，瞄准“研发、生产、推广、服务”4个核心关键环节，以良种良法，助力实现“藏粮于地、藏粮于技”。

成都7个现代农业产业功能区涵盖种业、都市农业、农业高新技术、食用菌、水果等不同产业。成都以这些功能区为载体，整合大专院校、科研院所、外聘技术服务机构等技术力量，引导校地合作、院企合作，推动了农业科技创新成果加速转化为技术标准、转化成为生产力。

目前，国家成都农业科技中心、成都市温江区都市现代农业高新技术产业园正加快建设，现已入驻国家级农业科研机构13家、科研团队19个、高新技术企业62家，启动科研项目54个，推广新品种80多个。

成都简阳市平泉街道荷桥村引入高科技农业企业有机农夫，在不足10亩的场地上建起一座玻璃厂房，内有3个容量约100立方米的圆形水池。“这是我们引进的高密度水产养殖基地，看似很普通，其实科技含量很高。”荷桥村第一书记邓勇说。

这是一种自动化、标准化的养殖模式：水温、含氧量、pH、氨氮含量、鱼苗长势、饲料投放等都由计算机系统自动监测和控制，并且每一个环节都有相应的控制标准，成鱼品质自然可控。

在这种模式下，1立方米水可养300斤鱼，3个池子1年可养鱼9万斤。而基地养殖的岩原鲤、厚颌鲂、清波鱼等都是经济价值较高的鱼类，市价可达数十到数百元1斤，基地年产值上千万元。基地技术负责人暴镇平说：“在我们基地，科技真正转化成了生产力。”

规模集聚，助力产业快速升级

成都大邑县城往东20多千米的西江河畔，数千亩农田环绕着一个个林盘，青砖灰瓦的川西小院唤起了游客的乡愁。“稻香渔歌田园综合体”项目的落户，彻底改变了这里的产业生态和乡村面貌。

“我们将这儿连片的几千亩土地都流转过来了。”稻香渔歌项目负责人说，公司在这片土地上进行标准化种植，做强特色农业，并在此基础上深挖区域农耕文化，打造高品质主题民宿、农博体验和康养基地，打造可参与、可进入的农业公园，深度推进“农商文旅体”融合发展。

稻香渔歌农业板块负责人王涛介绍说，公司大规模流转土地，对道路、灌排设施、物联网系统等进行标准化改造；提升地力，确保土壤和灌溉水符合标准要求；种子、有机肥等都须符合标准要求；育苗、田块整理、废弃物处理、灌溉时间、用水量等按标准要求操作……这些标准都是公司基于成熟的技术标准，根据当地实际和生产需要制定的。

“比如稻鱼共生田块，水稻占地75%，鱼塘占地15%，田坎占地10%；对水稻间距和鱼苗数量也有详细的技术要求。”王涛说，公司经过反复试验，针对不同作物确定最佳的生产标准，再加上全流程的质量管控体系，保证收获的农产品品质稳定、质量安全。

公司在农业板块规划了“三步走”的发展路径：做给农民看、带着农民干、帮着农民赚。当地村民受雇在公司务工，看到标准化生产的好处、学会标准化的农业生产方式，可从公司承包地块，按照公司的相关标准和质量管控体系进行农业生产，产品销售由公司负责。

据介绍，通过农产品溯源系统，消费者扫描二维码，即可追溯农产品的育苗、生产、采收、物流等全过程，确保从种子到餐桌，全流程都符合质量安全标准。

位于成都西部的大邑县是四川首个国家农业综合标准化示范县。该县立足产业特色和产业发展实际，借鉴国内先发地区和欧盟先进标准，收集整理标准共计2 024项，形成了涵盖农产品种植养殖、精深加工、乡村旅游等十五大体系的标准“综合体”。数十个“稻香渔歌”这样的龙头企业积极示范，有力推动了这些标准在农业生产中的落地实施。

位于成都东部丘区、龙泉山脉北段的金堂县，规划建设了油橄榄现代林业园区等6个现代农业园区，着力建设要素集中、产业集聚、技术集成、经营集约的现代特色农业示范区，作为新技术标准化的“示范场”和树品牌、强质量的“先行区”，突出产业融合、农户带动、技术集成、就业增收等功能的示范引领作用，不断提高农业的规模化、标准化、科技化和产业化水平。

金堂县以党建引领为核心，以龙泉山城市森林公园最美节点打造为契机，走出了一条党建引领特色农业发展之路。自2009年引种栽培油橄榄以来，金堂县先后引进培育了聚峰谷等18家经营企业、专业合作社，通过技术示范，带动群众种植油橄榄，全县已形成油橄榄种植基地6.35万亩，涉及13个镇和街道。

“橄榄树间距5米，树坑深60厘米，施足底肥，不移植。”在聚峰谷的带动下，淮口街道龚家村村民易大洪把自家15亩地全部种上了油橄榄，他说，按公司教授的方法，一个人管护三五十亩油橄榄完全没问题。

易大洪已经尝到标准化种植的甜头，越来越多的“易大洪”加入了油橄榄标准化种植队伍：“仅油橄榄一项，1年就可挣到五六万元，加上树下套种的其他作物，比外出打工划算多啦。”

质量提升，以标准化意识打造品牌

1年育苗8 500万株，常年展示600多种、30多万盆花卉新品种，四川省内90%草花新品种率先在此推广，国内外花卉专业人士源源不断前来开展新品种、新技术的推广与交流活动……成都温江区惠美花境经过10多年的发展，已成长为我国西部知名度很高的花卉种苗繁育基地。

“我们的一大秘诀就是技术领先的种苗信息化系统。”惠美花境相关负责人带着记者边参观边介绍，基地建设有17 000平方米种苗生产温室及试验示范基地、300平方米智能温控发芽室，以及全自动播种流水线、大型全自动喷灌系统，对种苗、成品花卉的生长过程进行全程监控，同时对物料的使用时间和用量进行精确控制。

“自动化、标准化生产可保证产品质量稳定，这就是我们的品牌。”该负责人说。

据成都市农委相关负责人介绍，一方面，成都以标准化推动品牌建设，以品牌引领贯彻标准，实现了农产品标准、质量和品牌的协同发展。农业生产者标准化意识不断提高，越来越多农产品实现产前、产中、产后全生命周期可追溯，质量安全水平持续提升。“成都造”农产品远销海内外，其本身就已经成为响当当的品牌。

2017年，成都成立天府源公司，按照成都市政府发展农业品牌的战略要求，专门运营成都市级农业公用品牌——“天府源”，构建起以“天府源”品牌为核心的“市级公用品牌＋县级区域品牌＋企业自主品牌”的品牌体系。

“天府源”品牌对标“一带一路”沿线国家和地区农产品标准，出台了品牌授权准入评审规程等配套制度，建立品牌准入机制，农产品及其生产过程符合标准要求的可申请使用“天府源”区域公共品牌，获得信用背书，借力提升市场美誉度。同时，天府源公司完善退出机制，加强对旗下各子品牌产品的质量溯源、追踪，通过动态管理对各涉农生产经营主体形成约束。

2017年，34吨猕猴桃作为成都“天府源”农产品的代表，首次通过蓉欧国际快速铁路发往欧洲，深受消费者欢迎。随后，越来越多的农产品获准加入“天府源”品牌，并畅销海内外。截至2019年年末，“天府源”品牌累计准入产品品类已经超过200个。

另一方面，农业农村发展的生态环境也在不断改善，农业生产形成良性的循环。大邑县实施“种养循环”“稻菌循环”等技术标准，提高了资源循环利用率，全县秸秆综合利用率、畜禽养殖粪便综合利用率和森林覆盖率分别达到98.5%、98%和56.02%，为全县农业可持续发展奠定了良好的基础；通过有机认证和证后监管，土壤中镉、汞等重金属含量持续下降，有效钾、有机质等含量持续上升，有机农产品生产基地的土壤环境质量持续向好，省、市各级各项抽检检测合格率达100%。

“种田CEO”的美丽乡村梦

刊播：新华网（2020年7月6日）
作者：吴晓　罗帅

【正文】

竹编栅栏里喂养着可爱的梅花鹿，山间天然巨石上的金钗石斛长势喜人，成片的花椒林挂满沉甸甸的果实……就在几年前，贫困还笼罩着四川省泸州市合江县先滩镇家乐村。变化要从返乡创业的职业经理人黄思碧说起。

【黄思碧】

我叫黄思碧，今年4月成为家乐村特聘村主任兼职业经理人。我是在家乐村土生土长的人，15岁离开这里到重庆打工，就一直在重庆工作。后来得知家乡的老百姓在就业方面还是有一些问题，家乡的土地也荒废了，我就回到家乡帮扶，有一份力出一份力。我回来发展的是养殖和种植，因为我们家乐村的海拔有优势，达到800米。目前我们养殖梅花鹿，主要种植金钗石斛和花椒。我的目标也不大，就想把在重庆打工挣的钱都投到老家来，和老百姓一起把家乐村建设好。

我们现在种植石斛的面积是800亩左右，花椒是560亩，目标是两个“1 000亩”——1 000亩花椒、1 000亩金钗石斛；梅花鹿现有210头，目标是3年达到2 000头。梅花鹿对脱贫攻坚来说，是一种潜力很大的资源，每年1头鹿的鹿茸可以卖2万元，养1头鹿的人工成本和饲料成本是1万元，那老百姓就会有1万元的纯收入。下一步，我们的养殖规模达到2 000头后，就把梅花鹿养殖普及出去，带领老百姓养殖，不是贫困户也可以养，但首先要帮扶贫困户。

现在我们专业合作社有71个员工，其中38个是贫困户。我们主要培训这38个贫困户学习种植和养殖，他们把这些技术学会了，以后就可以自己种养，现在跟着我们养殖，我们就给他们开工资，收入基本上每个月都能达到3 000元。以前我们村里的老百姓，要么在重庆打工，要么在成都打工，要么在广东打工，现在打工的人都回家乡了。在重庆、成都、广东打工，1天挣150元，回到家乡工作，也能1天挣150元，还能把家庭照顾好了，所以村民今年基本没有再出去务工，都就地就业了。

【正文】

因懂技术、善经营，农村职业经理人被称为“种田CEO”。作为家乐村特聘村主任以及职业经理人，黄思碧运用自身知识与资源，带领全村人民脱贫致富、走向小康。因为他的心里一直有一个美丽乡村梦。

【黄思碧】

我去参观过“中国第一村”——江苏的华西村，整个村家家户户都住别墅。因此我有一个梦想，就是把我们家乐村打造成一个美丽乡村，这需要满足3个要求。第一是平均每个人月收入能达到3 000元；第二是实现村村通，现在道路基本通了；第三打造游玩项目，我们村下面有一条小溪沟，叫望乡台，有历史文化背景，所以我想把那一条溪沟打造成漂流一日游项目，重庆、泸州、成都的游客周末可以来这里游玩，然后带动我们家乡的发展。我们的高山上有笋、花椒、金钗石斛，还有梅花鹿，再把溪沟漂流项目打造出来，可以带动我们村实现美丽乡村的梦想。

四川：特色农业促增收

完善利益联结机制　保障农民持续受惠

刊播：《人民日报》（2020年7月20日）
作者：彭国华　赵渊杰　张文　宋豪新

果园村的葡萄满架满园，吉香居的泡菜清香四溢，安岳柠檬种植园果实累累……盛夏时节，行走在川蜀大地，感受特色农业蓬勃发展。

在现代农业产业体系建设中，四川省注重培育发展优势特色产业，探索建立更加有效、更加长效的利益联结机制，努力让广大农民持续增收获益。

果园村

“葡萄大家一起种，钱要大家一起赚”

走进眉山市彭山区果园村，万亩葡萄产业园中心区里，网络直播带货人气正旺。每天，大量新鲜葡萄经由电商平台售出，从这里发往全国各地。

说起自己的创业史，彭山区葡萄种植大户杨志明感触颇深：“刚开始经验不足、技术不成熟，基本就是靠天吃饭，葡萄种出来卖一半、烂一半。”

在当地政府扶持下，杨志明尝试规模化种植葡萄。2015年，彭山区试行“三级土地预推—资质审查前置—平台公开交易—风险应急处理”的土地流转机制，并在果园村率先落地。通过公开竞标，杨志明的公司在果园村及周边流转260亩土地，走上规模化种植葡萄之路。

如今，杨志明的公司应用棚栽避雨、绿色防控、智慧灌溉、温控系统等现代化技术，种植夏黑、巨峰等几十个葡萄品种，葡萄年产量达70多万斤。“葡萄大家一起种，钱要大家一起赚。”杨志明带动当地农户一起种葡萄，每年开展技术培训10余次，培训上千人。通过亲戚带亲戚、朋友带朋友，果园村及周边的葡萄种植业快速发展，群众稳步增收。

葡萄架下，果园村10组村民余卫中正细心修剪多余的枝蔓。“如今在家门口就能有好收入，过上了好日子。”刚刚接到一笔订单，老余的喜悦之情溢于言表。

2013年，在外务工的余卫中得知家乡许多人通过种植葡萄增收致富，于是决定回乡创业。如今，他的“养生园”家庭农场种植葡萄100余亩，年收入70余万元。

近年来，果园村共有200余人返乡创业。除了经营家庭农场，不少人还投身农资销售、水果初加工等配套产业。果园村已成为彭山葡萄万亩示范区的重点区域，通过发展葡萄产业，全村年人均纯收入达到3.1万元。

吉香居

“泡菜生产线使农户稳定增收”

口感爽脆、滋味酸辣的泡菜，是四川人餐桌上的常见食品。在四川说起泡菜，不少人会提到吉香居。

坐落在眉山市东坡区的吉香居食品股份有限公司，专业从事泡菜、调料的研发、生产和销售。车间生产线上，各种蔬菜原材料经挑选、分类、清洗、切割后入坛发酵。

“泡菜生产线使农户稳定增收。”眉山市东坡区委常委、区总工会主席邹和良对记者说。

近年来，通过“公司+基地+蔬菜专业合作社（农户）”的运作方式，走“订单农业、合同种植”的产业化经营路子，吉香居在东坡区已发展订单农户29 820户，订单蔬菜基地面积近5万亩，吸纳农村富余劳动力2 500余人。2019年，公司兑现菜农现金1亿余元，带动周边农民人均年增收1 500元以上。

“为保障合同种植户的利益，当市场价格低于合同价格时，公司保底收购蔬菜，市场价格高于合同价格时，公司随行就市收购，从而与农户建立了稳定的产销关系。”吉香居食品股份有限公司副总经理王艳丽介绍说。

没了销售上的后顾之忧，农户种菜更踏实了，泡菜原材料供应也更有保障。2017年，眉山市东坡区乙洮蔬菜专业合作社与吉香居签订了供菜合同，合作社供菜量从当年的70吨增加到2019年的150吨，农民亩均增收700多元。

家住东坡区太和镇三江村的陈东元，以前是村里的贫困户。谈起从前的日子，老陈皱起了眉头。“过去也种了几亩蔬菜，但市场行情不好时，卖不出去，就会烂在地里。”因与吉香居签订订单收购协议，老陈家现在种植辣椒3亩、芥菜1亩，年人均收入从不到3 000元提高到8 000多元，顺利摘掉穷帽子。

吉香居员工张启春从前种过树苗、当过锅炉工，但受身体残疾等原因影响，一直难以找到稳定的工作。“现在好了，每个月收入稳定，孩子上学、家庭生活都有保障，我挺知足的。”

2013年，吉香居与眉山市残疾人托养服务中心签订协议，为残疾人积极提供就业岗位。目前，吉香居在岗残疾员工近480人，占员工总数的27.3%。

隆恩村

“让群众住进新房子，能有稳定收入”

漫步资阳市安岳县的万亩柠檬种植园，柠檬芳香沁人心脾。

“目前安岳有柠檬种植户11万户33万余人，营销企业3 000余户，12万余人在全国乃至国外卖柠檬。”安岳县柠檬产业局局长田再泽自豪地说，“安岳柠檬的品质得到广泛认可，安岳制定的多项柠檬产业环节管控标准升级为省级标准，柠檬鲜果标准上升成为国家标准。”

安岳素有“中国柠檬之乡”的美誉。近年来，通过“市场营销＋订单农业”“电子商务＋示范基地”“种养结合＋循环发展”等方式，安岳建成标准化柠檬产业园40余万亩，带动全县141个贫困村发展柠檬产业8.1万亩，年产柠檬9.4万余吨。贫困户户均种植柠檬1亩以上，人均纯收入1 800余元。

谈起近年来村子的发展变化，安岳县文化镇隆恩村党支部书记刘艳英感慨很深。过去，村民大多分散居住，不少房屋年久失修，村容村貌脏乱差。通过自主经营、入股分红、土地流转等方式发展柠檬种植业后，村民新居变大了、腰包变鼓了，村里道路变宽了、村容变美了。

“过上好日子，就是要让群众住进新房子，能有稳定收入。”刘艳英说。

为了让村民稳定增收致富，当地还摸索出一条农旅结合的路子——在发展柠檬种植业的同时，突出柠檬文化特色，推出“赏柠檬花、摘柠檬果、观柠檬景、吃柠檬宴”乡村旅游项目，打造集“吃、住、游、购、采摘体验”于一体的柠檬生态度假休闲区。

如今每到周末，隆恩村的农家乐、采摘园就很热闹，成了城里人亲近自然、放慢节奏的度假好去处。

从“新农人”到“兴农人” 四川返乡青年书写乡村振兴新故事

刊播：中国新闻网（2020年7月20日）

作者：陈选斌 张浪

“夕阳的余晖经过希望的田野，向南的候鸟待遇袅袅的炊烟……”7月中旬，在四川德阳高槐村的“田野秀场”，伴随着吉他琴弦拨动，“民谣小院”乐队的歌声描绘出一幅乡村画卷。

“高槐村环境很好，给我们的创作带来不少灵感。”“85后”音乐人张小黑是“民谣小院”乐队成员之一。一次偶然的机会，他们决定把创作基地放在家乡德阳市的高槐村。作为受过高等教育的“新农人”，每到周末，他们就会以公益演出形式为村民、游客演唱民谣。

高槐村离德阳市区仅几公里之遥，优越的地理位置先后吸引了27家企业投资7 950万元，发展园艺、文创等产业。村集体投入127万元用于土地整理、民宿打造和柑橘产业园建设，扩宽了集体经济发展空间。

漫步高槐村，一栋栋红瓦小洋楼整齐排列在道路一旁，白墙下鲜花点缀，小溪里碧波微澜，房舍边翠竹掩映，道路旁菜园齐整……通过乡村振兴，高槐村从贫困村变为富裕村。

在离“田野秀场”不到百米的位置，是“新农人”胡蓉开的“染云山房”，主推植物染手作体验、健康轻食、度假民宿等。

2014年，胡蓉在高槐村开了第一家咖啡馆。6年来，先后有23家咖啡馆开在村内，高槐村成为一个“网红打卡点”。每逢周末、节假日，远近游客纷至沓来。

“在我们来之前，当地村民没有想过把自己闲置的房屋拿来经营。随着越来越多‘新农人’到来，村民转变了观念，发现原来他们也可以做很文艺的事业。”如今，胡蓉口中很文艺的事业已经不止于开咖啡馆。高槐村依托咖啡主业，引进3D打印、乡村音乐、青溯植染、非遗潮扇等新业态14个，建立新机制激活乡村、发展新业态赋能乡村，构建起村民与“新农人”众创共建模式，实现无名小山村从咖啡小镇向独具特色的文创小镇的“蝶变”。

“新农人”转变为“兴农人”的故事不止发生在高槐村。在眉山市彭山区谢家街道李山村，柑橘园园主刘沈厅正用自己研制的简易滴灌系统滴灌果树。“这套简易滴灌系统在四川已经推广5 000多亩地，每亩地可以节约500 ~ 800元的设施成本以及500元左右的管理成本。”

刘沈厅毕业于电子科技大学电子科学与技术专业。2016年年底他回到家乡彭山承包果园，尝试新型种植技术，创建果业商会。如今他又发挥专业特长，搭建了数字农业服务平台，通过互联网直销当地特色农产品，引进外地的先进技术、农资工具等。

在他看来，“新农人”的先进农业知识与技术是“三维”的，而传统农业耕作习惯是“二维”的，“三维”“二维”结合可助推农业生产现代化。

像刘沈厅一样的“新农人”，仅眉山市彭山区就超过100人。正值青春的他们回到充满希望的乡野，用双手改变自己和身边人的命运，也改变了中国广袤大地上的一座座村庄。

天府之国的乡村充满希望

刊播：《光明日报》（2020年7月20日）
作者：安胜蓝　李晓东　朱晓帆

小康生活是什么样的？乡村振兴怎样实现？四川，这个自古以来便因物阜民丰而被称为天府之国的地方，用一个个焕然一新、生机勃勃的乡村给出了答案——产业立起来了，农民的钱袋子鼓起来了，村容村貌美起来了，返乡创业的人多起来了……实实在在的获得感、幸福感存在于老百姓生活的每个细节中，更有希望和梦想在这片土地上种下。

种最好的葡萄，过最甜的日子

走进四川省眉山市彭山区观音街道果园村，连片的葡萄园绿意盎然，饱满的果实挂满枝头，等待着采摘，这里产出的葡萄风味绝佳，在成都市场备受欢迎。“种中国最好的葡萄”——村口的广告牌上这样写道。

十几年前，这个名为果园村的地方却一棵果树也没有。农户主要种植传统粮食作物和油菜，收入不高，许多人离开家乡，外出打工。

2008年，听说周边地区有能人种植葡萄挣了不少钱，村里一些胆大的人也跃跃欲试。

“既然种葡萄能提高收入，咱们为什么不把果园村变成名副其实的果园呢？”受到启发，果园村党员干部立即行动起来，多方考察，对果园村进行葡萄产业规划，引进种植大户，带动村民种植葡萄。

为了让村民种植葡萄无后顾之忧，村党支部依托党建引领，把组织建在产业上，按照专合社、家庭农场、农业龙头公司、聚居区、扶贫开发、回乡创业等精准分类设置7个党支部、10个党小组。“有困难就找党支部。党员干部包干到户，为村民提供技术培训、农资统筹、土地流转、金融贷款等各项服务，从种植到销售，全流程为种植户保驾护航。”果园村党支部书记李永伟说。

对34岁的村民张雄来说，选择葡萄种植是他人生起飞的转折点。2010年，张雄辞掉北京的工作返乡创业，没想到一场突如其来的车祸让他背上了数十万元债务，生活一度陷入贫困。他康复后，村党支部帮助他建立葡萄园，安排技术人员一对一指导，还帮忙担保贷款，让张雄重燃创业信心。凭借钻研精神和勤奋，张雄很快掌握了种植技术，成为葡萄种植专业能手。现在，他的67亩葡萄带来年收入达100万元以上。他在城里买了房、买了车，过上了富裕的生活。

“我感谢村里在我的起步阶段给予的扶持，从2014年开始，我也主动帮扶和带动32户贫困户种植葡萄，想让他们也像我一样脱贫致富。”张雄说，现在他带动的贫困户里，年收入最少的有18万元，最多的达70多万元。

通过引进企业，组织技术培训，在葡萄园推广控产控果、天地膜等现代化种植技术，果园村的葡萄品质不断提升，迅速占领了高端市场。现在，果园村葡萄种植面积约7 500余亩，发展了40余个高端葡萄品种，平均亩产值超2万元。依靠发展葡萄产业，全村人均年收入达到3万元。果园村的葡萄棚从矮棚变成采光棚再变成农旅一体的观光棚，葡萄产业蒸蒸日上。

发展新思路，小康有门路

“来来来，加微信点关注，好吃别忘了给一个好评！”四川省遂宁市大英县回马镇金山村党支部书记彭俊松直播带货干劲满满。他口才好，镜头感十足，介绍起村里的“宝贝”如数家珍，俨然一副资深“带货”主播的模样。

说来就来，镜头前的彭俊松抓起一只乌骨鸡，熟练地做起了直播带货：“我们的乌骨鸡营养价值高，一口咬下去，真是巴适得板啊！”据他介绍，他的团队运营着名为“金山村大掌柜”的抖音账号和淘宝线上店铺，还打造了两个百万粉丝级别的抖音大“IP”。这些厚实的“家底”让彭俊松满脸自豪。

2018年，当过兵、做过记者还下海经过商的彭俊松，在生意做得顺风顺水的时候毅然选择回到农村。任村党支部书记后，彭俊松便和其他村干部一起商议确定了“六金”发展思路，画出了全村发展蓝图。通过建设沃柑－乌骨鸡循环种养殖基地和“金竹鲜”村级电商品牌，开设抖音账号、淘宝店铺，发展光伏发电等产业，承托起金山村的小康和振兴。

在彭俊松的带领下，金山村集体经济收入每年都在增长。“我们村2019年成立了村集体经济组织，同时利用县委组织部集体经济发展试点资金建设沃柑－乌骨鸡循环种养殖基地，每年可实现销售收入50万元，纯收入可达10余万元。”彭俊松热情地介绍村子的发展。“和以前相比，村民的收入越来越高，幸福感也越来越强。”

回顾这几年的村支书生涯，彭俊松坦言，日常工作中，他把所有的精力都放在村里的事情上，要“和金山村共同成长和收获”。“以更加优惠的政策吸引人才、更完善的机制用好人才、更广阔的空间留住人才，才能让那些有志之士参与到脱贫攻坚、乡村振兴的事业中来。”彭俊松说。

“新农人”的小康生活，有面包也有诗意

走进名为“芳华·旧时光”的咖啡馆，种满花草的静谧庭院里，咖啡飘香。咖啡馆的对面是“高槐故事”美术馆，正展出名家画展。沿着小路走到露天剧场，还能欣赏到民谣乐队的演出。

如果不是亲眼见到，很难想象这个充满文艺范儿的地方不在城市，而属于一个小乡村——四川省德阳市旌阳区东湖街道高槐村。

这一切都出自一群“新农人”之手。从2014年开始，他们或是城里人来乡，或是村里人返乡，从一家咖啡屋做起，发展出咖啡、民宿、文创、演出等各类文旅业态，把一个其貌不扬的村庄打造成了有山有水有诗意的世外桃源。

高槐村村民关勇和妻子刘雪梅曾在外务工多年，2018年，看到高槐村文旅产业的发展，二人决定返乡创业，把自家宅基地改造成了这家“芳华·旧时光”咖啡馆。他们培训村民担任咖啡师、服务员，生意红火。

“这里风景优美、民风淳朴，咖啡民宿产业形成了气候，是个创业的好地方。”刘雪梅说，“村里很支持我们创业，不仅给我们申请了1万元的返乡创业补贴，在基建、技能培训上也给予了很多帮助。”现在，咖啡馆的年利润达30万元，在这里工作的村民也有五六万元的年收入。

夫妇俩说，在高槐村这样美丽的小镇创业和生活，有面包也有诗意，让他们很有幸福感，他们感叹：“和城市里没两样！”

“‘新农人’来这里不仅是为了创业挣钱，也是因为喜爱这里的生活，对乡村有情怀，愿意融入这里。”东湖街道办主任何剑介绍，高槐村毗邻城市，“小巧精致”的文创产业很有优势。高槐村突出“新农人”引路，充分挖掘释放“原住民”活力，汇聚发展力量。非遗传承人、乡村音乐人、咖啡品鉴师等50余名有理想、有情怀的“新农人”会聚高槐，10余名外出有志青年返乡创业，高槐村成为德阳周边最具活力的文创人才聚合高地。

“新农人”带动当地村民加入创业队伍，目前已累计带动创业就业超过300人，由于咖啡屋兴起，村民通过出租房屋和在咖啡屋打工，人均收入从2008年的5 000多元增加到2万元。每年来高槐村喝咖啡、休闲娱乐的游客达50余万人次。“高槐咖啡文创小镇”正以独特的气质和“颜值”，行进在乡村振兴的大道上。

行走蜀乡大地看小康之一

进城务工有出路　返乡创业有天地

刊播：《农民日报》（2020年7月20日）
作者：张艳玲

“小康”是什么？“种上了好果子，娶上了好妻子，生了个好孩子，买上了好车子，住上了好房子，过上了好日子。”6月11日，在四川省眉山市彭山区观音街道果园村，面对“走向我们的小康生活”采访组的提问，果农绝妙的回答让在场的人都不禁拍起了手。

小康不小康，关键看老乡。到2020年，实现农民人均收入比2010年翻一番，是对标全面建成小康社会“三农”领域必须完成的硬任务之一。老乡的“钱袋子”鼓不鼓，是硬指标，来不得半点马虎。

日前，记者走进人口大省、农业大省四川，探寻蜀乡大地上的富民增收故事。

出得去——农民工服务中心搭起“连心桥”

彝族小伙倮伍克的子的故事，充满了励志色彩。

6月14日，在四川省成都市玉林街道的大榕树下，记者见到了皮肤黝黑、头发微卷的倮伍克的子。2010年4月，19岁的倮伍克的子从四川省凉山州冕宁县的大山中出发，到了中铁八局成都地铁2号线15标项目部，成为一名建筑工人。这是他第一次见到盾构机。通过勤学苦练，10年后他成了一名技艺精湛的专家型工人，多次在全国比赛中获奖。凭借一技之长，倮伍克的子不仅工资上涨，还获得了“中国中铁劳动模范”“成都工匠”等诸多荣誉称号，全家人的生活也步入小康。

作为人口大省、农民工大省，四川每年农民工务工收入超过4 000亿元，撑起了农民收入的半边天。这中间有千千万万个倮伍克的子，凭辛勤的汗水和不懈的努力在城市打拼，不仅成了家庭的顶梁柱，更是所在领域的佼佼者。

在眉山市仁寿县，记者见到了39岁的蔡永强和34岁的谢洪梅夫妇。10余年来，他们一直在江苏苏州务工。受新冠疫情影响，他们取消了返苏计划，通过仁寿县农民工服务中心的仁寿籍农民工回引工程“让爱回家”，双双入职县里的重点企业。“工作稳定，一家团圆，这就是我心中的小康生活。”蔡永强说。

据了解，面对疫情不利影响，通过开展农民工返岗“春风行动”、举办各类线上专场招聘会以及各县纷纷展开“一对一”就业帮扶，截至今年5月，四川全省外出务工农民工已达到2 374万人次，比去年同期增加58万人次。

近年来，随着四川经济社会发展，省内农民工就业数量逐渐超过省外，但仍然有1 000万农民工远离家乡。为了让年轻的父母放心进城，近年来，四川各地纷纷建立起关爱留守儿童的志愿团队。遂宁市射洪市西山坪村村民马雪梅便是其中一员。3年前，共青团四川省委关爱农村留守儿童项目“童伴计划”落地西山坪村，曾是留守儿童的马雪梅主动应聘，在村里的“童伴之家”当起了“童伴妈妈”，为远离父母的留守儿童营造了一方温馨快乐的小天地。

据了解，为了更好服务农民工，四川创新出台了《加强农民工服务保障十六条措施》；在2019年的机构改革中，四川进一步搭建起省、市、县三级农民工服务中心，提供农民工回引、创业、培训、维权救助、服务等业务指导。

留得住——找准产业激发致富潜力

“种全国最好的葡萄，过城里人向往的生活！”在眉山市彭山区果园村村口，墙上的巨幅标语透出村民的志气。从过上城里人的生活，到过上城里人向往的生活，目标升级的底气，来自果园村近年来下大力气培育优势特色产业的真功夫。

20世纪90年代，果园村“名不副实”：全村7 000亩土地，仅100亩为葡萄园，种植户靠天吃饭，每亩收入仅3 000多元。2007年，彭山“葡萄大王”杨志明牵头成立果怡农业合作社，依托四川农业大学教授吕秀兰等一批农业专家，在村党支部的带领下引领村民依靠科技发展葡萄产业。为克服降雨难题，全村推广大棚避雨栽培技术；为解决光照不足问题，葡萄田里铺上了反光地膜；为提升葡萄品质，农户用上了标准化高光效塑造型栽培、水肥一体化滴灌等技术。

如今，果园村名副其实：全村种植特色葡萄5 200亩，葡萄品种43个，成为当地葡萄万亩示范区的核心区，被评为国家葡萄产业技术体系综合试验站示范点，全村人均纯收入达到3.1万元。

果园村不是个案。在广安市广安区龙安乡群策村，村民靠龙安柚走上了致富路。村子里的龙安柚母本园是个宝，涉及的123户柚农中，年收入在20万元以上的有2户，在10万元以上的有15户，在5万元以上的有76户。经过多年发展，龙安柚产业链条不断延伸，当地企业不仅开发出了柚枳实、柚白皮、柚青皮等初级产品，更研发出了柚子精油、柚皮浴足粉等各类深加工产品。

资阳市安岳县被誉为“中国柠檬之乡”，10个柠檬中就有8个产自安岳，其编制的7项标准成为中国柠檬生产、加工、销售标准。立足于柠檬产业优势，安岳文化镇燕桥村以乡村旅游为中心，着力建设田园绿道、山地骑行道、柠檬博览园、柠（萌）宝嗨主题乐园、柠檬展销中心等以柠檬为主题的旅游设施。村民纷纷参与休闲娱乐、农家餐饮、农家采摘、生态农业观光等，2019年实现旅游年收入1 200万元，年接待游客50万人次。

四川省农业农村厅相关负责人介绍，为促进农民增产增收，省委、省政府出台了一系列鼓励发展效益农业的政策措施，推出了“一村一品”“一乡一色”特色效益农业发展政策。各地因地制宜，着力发展打造了川油、川菜、川果、川茶、川药、川桑等优势产业，促进了四川特色效益农业快速发展，市民的“菜篮子”“果盘子”品种日益丰富，农民的“钱袋子”也越来越鼓。

回得来——“乡愁经济”带来新机遇

从默默无名的小乡村到如今众创共建的诗意田园，德阳市旌阳区东湖街道高槐村向人们展示了小康生活的诗意。

2014年11月，3个城里人来到高槐村，看中了城郊的地理优势以及村民前庭后院的开放空间，他们租下村民的房屋建起了高槐村首家咖啡屋“不远咖啡”，由此拉开了高槐村以乡村咖啡为特色的农旅发展序幕。

看着村里的乡村咖啡生意红火，2018年，刘春梅和丈夫结束了城里的美发事业，回到老家，把宅院整修一番，也开起了自己的咖啡馆，取名“芳华·旧时光”。刘春梅回忆，2018年10月初，经过近半年的装修改造，咖啡馆正式开业，正好遇到国庆长假，生意火爆，最多时每天要接待300多位客人，可以说是一座难求。

如今，高槐已有24家乡村咖啡馆。城里人纷纷下乡寻找乡愁，老村民陆续归巢就业创业，高槐村也成了远近闻名的乡村咖啡文旅聚落。

不久前，“民谣小院”乐队的8个年轻人把工作室也搬到了德阳市旌阳区东湖街道高槐村，村里的广场就是他们的舞台，村民就是他们的观众。他们以高槐村为灵感，歌唱着诗意的田园生活，成为诗意高槐的重要组成部分。

“高槐有宁静的田园风光、友善的新老村民，正是我们梦寐以求的文创环境。”乐队鼓手小黑告诉记者。

“乡愁经济”带来了新的产业业态和消费场景，乡村正在成为创业乐土。日前，四川省推出投资总额达218.5亿元的130个项目，欢迎农民工及企业家返乡入乡创业。这是四川省首次整体推出农民工及企业家返乡入乡创业投资项目。

据不完全统计，截至2019年年底，四川省返乡入乡创业人员累计达70余万人，实现创业产值4 000多亿元。仅今年以来，四川省新增农民工返乡入乡创业4.7万人，新增企业实现总产值88亿元，带动就业10.7万人。

行走蜀乡大地看小康之二

留住一河清流　映衬一方风光

刊播：《农民日报》（2020年7月21日）
作者：高文　李传君

一个过去洪水泛滥、风沙扑面的江心小岛，变成了栽有几百种荷花和睡莲的世界荷花博览园。原本苦不堪言的岛上居民，住上了好房子，并将AAAA级风景区变为“私家花园”……

一块具有深厚历史文化底蕴的农耕地，因处于受新、旧城区簇拥的特殊位置，变成了最大的城市中央绿地公园，成了农耕文化的都市展示平台和“海绵城市”的生动展示区……

一座被过度开发导致生态环境遭到严重破坏的自然风光名山，通过实施山水林田湖草生态保护修复工程，重新焕发出旅游胜地的熠熠光彩，当地居民生活也随之发生彻底改变……

随着“走向我们的小康生活”采访组走进遂宁、德阳和广安，记者目睹了四川省各地政府实施生态优先、绿色发展的战略，践行“绿水青山就是金山银山”理念取得的显著成效。

昔日“猫儿洲”变身“圣莲岛”

因涪江流域实行梯度开发，在遂宁市新、旧城区之间形成了14.8平方千米的观音湖，湖中坐落着3个自然岛屿，圣莲岛是其中之一。“圣莲岛原名猫儿洲，岛上原有2 800多名居民，归属猫儿村，经过整体改造、治理和开发后，这里改为圣莲岛社区居委会。”居委会主任周兵说。

周兵说，过去圣莲岛晴天风沙扑面，雨天泽国洼地，一些小厂和养殖大户、农家乐对环境破坏严重。2014年起，遂宁市总投资7亿余元对圣莲岛进行生态治理。以“世界荷花博览园”为主题，打造“让心灵度假”的城市生态空间。治理后，全岛绿地率37.9%，绿化覆盖率60%以上。

“现在我们再也不怕被水淹了！”周兵说，现在岛上地面的高度基本与城区持平，有的地方甚至高于城区。这是怎么做到的？当初，社区居委会利用建设下穿隧道、观音湖放水空库的时机，全面推进河道清淤治理，并利用清理出的土方和淤泥，对圣莲岛原有的荒滩进行生态修复。

2009年，政府在岛上修建了防洪堤，但如今看不到防洪堤。那是因为对防洪堤进行了覆土植绿的柔化处理，并建设了亲水平台。同时，对堤外自然浅滩进行了湿地打造，引进荷花和睡莲，并搭配其他水生植物，实现了“回归自然”和“以人为本”的有机结合。

圣莲岛还推行了海绵化改造，将自然途径与人工措施相结合，达到自然积存、自然渗透、自然净化的目的。目前，整岛年雨水径流量控制率达到80%，年雨水径流污染削减率达到45%。岛上还建设了污水处理厂，日处理能力可达3 000吨，污水经处理后可达到Ⅰ类A标。

“现在环境好了，不仅有了社保，我还竞拍了一个商亭，来玩的人多，生意好做，比外出打工强多了。”岛上居民王大姐说。近年来，政府以荷为媒，相继举办了第31届全国荷花展览、遂宁观音文化旅游节等大型节会，年接待游客近300万人次。

被现代生活吸纳的“农地”

在德阳老城区与南湖新城之间，有一块3 920亩的农田。清代初年，“湖广填川”的移民到了这里，见垂柳依依，便“插柳圈地”，适逢天旱，遂筑堰截流引水灌溉，并取了一个具有深厚的农耕文化底蕴的名字——“柳梢堰”。如今，这里是柳梢堰湿地公园。

柳梢堰湿地公园包括绵远河东、西两岸，建设总投资为3.15亿元。公园集生态、文化、科普、休憩、娱乐、观光、健身等多种功能于一体，是德阳市最大的城市中央绿地公园，规划有休闲农庄、林盘民宿、标准体育比赛场地等配套设施。

据介绍，公园在设计上除保留原有农业生产外，还融入全新功能。以“月上柳梢、悦动旌城”为设计主题，以现有资源如绵远河水、自然农田等为依托，打造浪漫诗意、自然生态的公园氛围，引入各类文化活动，提高公园活力，使之成为市民幸福生活的集结地。

公园水源有3处：一是从西北角引入绵远河水，在园中形成映月湖；二是从东北角40支渠引水进入农田灌溉；三是场地中的雨水全部收集不外排，统一汇入每个场地中的景观蓄水池。公园内所有水体最终汇聚到映月湖，在这里被净化成Ⅲ类水质后，多余水体会排入绵远河。

集中展示生态净化技术措施的景点是草溪。从农田中溢出的水体，大部分通过卵石和植物过滤净化后继续排放到公园的映月湖中，因此这里最能体现“海绵城市”理念。农田排放的水体中含有大量氮、磷、钾，合理利用会使土地肥沃，野花、野草茁壮生长，形成一道美丽的风景。

映月湖成了“公园心脏”。“春夏季节，各色花卉绽放，湖中拱桥凌波；每当夜晚来临，月影映衬，浪漫惬意。在这个浪漫的月湖春晓片区，我们还可以举办草坪婚礼，让新人在浪漫花海里畅游，让市民暂离喧嚣与繁华，体验安静、纯粹的滨水生态。”一位公园管理人员说。

生态修复让华蓥山山清水秀

“现在环境好多了，如果能恢复到1958年前的水平，就太好了！”华蓥市天池镇华光社区年近八旬的罗仕银说。受多种原因影响，华蓥山天池湖流域生态环境遭到严重破坏。近年来，四川实施了华蓥山区山水林田湖草生态保护修复工程。

“我们依法关闭了污染型企业，并建成日处理能力达1 500吨以上的地埋式污水处理厂，管网铺设覆盖环湖5 000余户人家。同时，我们对环湖白色垃圾进行了大清理。”天池镇镇长黄鹏飞说。

2018年起，环湖海拔473 ～ 485米约5 000余亩区域得到生态修复，共栽植芦苇、花叶芦竹、粉美人蕉、水杉、银杏、红枫、紫薇、杜鹃等植物品种21个、113.5万株（丛）。目前天池湖水质除了两项指标为二级外，其余指标全部达到一级。

华蓥山曾是四川重要的矿业基地，过量开采使当地生态环境千疮百孔。作为华蓥山区山水林田湖草生态保护修复工程子项目的高顶山矿区矿山地质环境治理恢复工程，以矿山文化为依托，将高顶山矿区打造为高顶山矿山公园，即将开园。

高顶山矿区矿山地质环境治理恢复工程实施后，仅在矿山核心区就关闭了12家矿山企业，拆除近4万平方米危旧房屋，一些矿山遗迹及有价值的民居得以保留、改造，同时进行了基础设施建设和生态修复，形成了矿山元素展示、花海小火车体验、矿业工艺体验、民宿体验和自然风光观赏等区域。

“以前是矿工坐小火车下矿井搞生产，现在是游客坐小火车穿过一片花海，到矿井体验采矿。”58岁的矿区居民邹可香正在花海区域种植花草，她笑盈盈地说：“矿区环境治理修复后，这里将会成为旅游胜地，矿区居民也可以依托旅游找到更多的增收渠道。”

行走蜀乡大地看小康之三

乡村治理金点子

刊播：《农民日报》（2020年7月22日）

作者：高文　李传君

在脱贫奔小康路上，如何充分发挥基层组织的战斗堡垒作用，是一个重要的课题。四川省遂宁市试点推行的“职业村支书”，很好地解决了这个难题。

外出务工是当前许多农村收入的主要来源，可因此产生的留守儿童问题密切关系到下一代的健康成长。四川创新推出的“童伴计划”犹如一把冬天的火，温暖了无数留守儿童的心。

农村经济社会发展了，如何在精神文明层面更上一层楼，如何从生活富裕递升到乡风文明？南江县正直镇长滩社区的“道德银行”给出了标准答案——以行之有效的乡村治理措施引领文明新风。

几天来，从大英县金山村、射洪市西山坪村、南江县长滩社区的发展，从彭俊松、马雪梅等令人感动的人物故事中，我们深切感受到一个个乡村治理金点子、好办法的奇功妙效。

“职业村支书”成了领头羊

“靠我们注册的村级电商品牌‘金竹鲜’，在抖音、淘宝店铺‘金山大掌柜’上销售本村农特产品，今年已实现村集体经济收入13万元，预计全年可达30余万元。”大英县回马镇金山村党总支书记彭俊松高兴地说。彭俊松是2018年遂宁市选拔的第一批“职业村支书”。

面对当前基层组织书记年龄偏大、文化水平偏低、能力偏弱等情况，为了促进乡村组织振兴，遂宁市2018年来按照“全脱产、专职专业”的思路，面向35岁以下的优秀工人、农民、企业管理人员、涉农大学生等群体，开展选拔“职业村支书”试点，目前全市共选拔了94名。

“彭俊松是回马镇人，当过记者，经过商，让家乡人民过上富足的生活一直是他的梦想，2016年他就主动回到金山村担任村党支部书记，后来参加‘职业村支书’选拔考试，考了全市第1名。”回马镇副镇长李佳说，“小伙子见多识广、头脑灵活，几年下来就让金山村彻底变了样儿。”

“以前村干部从不考虑产业发展，他上任后第一件事就是抓产业。”贫困户陈志勇说，“现在全村土地由村集体统一流转，给予每亩400元保底分红，发展中药材、沃柑、蔬菜等产业，还从云南引进乌骨鸡养殖，今年疫情防控期间，靠电商平台仅乌骨鸡就卖了8万多元。”

彭俊松还探索出村民信用积分管理体系。村民的年终评分每上浮10分，就可在村集体免费领取鸡苗10只，签订寄养及销售协议，出栏时可自行处理10%，其余由村集体购回。反之，则在承包村集体项目、开办企业、享受政策补助，甚至信用贷款等方面受一定影响。

“‘职业村支书’不仅解决了我们所有的后顾之忧，还为我们搭建了很好的晋升平台。我要让金山村成为有希望的地方，让老百姓住上好房子、过上好日子、形成好习惯、养成好风气、出门开车子、兜里有票子。”彭俊松说。

“童伴计划”温暖留守儿童

“祝马妈妈节日快乐！”今年母亲节，马雪梅收到来自西山坪村“童伴之家”留守儿童悦悦的微信，心中顿涌暖流。作为“童伴妈妈”，马雪梅与悦悦相处3年多，在她的努力下，长期跟外婆生活的悦悦不再自卑，学习成绩也上去了，最重要的是，孩子懂得感恩了。

“童伴计划”是共青团四川省委在全国创新启动的留守儿童关爱项目，其目的是解决外出务工人员的后顾之忧，让缺少父母关爱的留守儿童健康成长。四川省射洪市常年外出务工人员超过36万人，登记在册的留守儿童超过3万人，实施“童伴计划”的项目村40个。

“90后”姑娘马雪梅小时候也是留守儿童。“2017年启动‘童伴计划’

时，我在广东打工，我毫不犹豫地辞职，踊跃报名应聘‘童伴妈妈’。虽然在经济收入上有很大落差，但随着孩子们的成长，我也收获了很多快乐！我认为这是一份十分有意义的工作。”马雪梅说。

西山坪村是射洪市金华镇人口超过4 000人的大村，目前由“童伴之家”照顾的留守儿童有54名。每逢周末和节假日，他们集中到这里，由马雪梅带领大家做作业、玩游戏、做手工或者是参观博物馆，还会一起看电影。“在这里我很开心！”10岁的王凌可说。

“童伴计划”有严格要求，“童伴妈妈”须有高中以上学历、身体健康、热爱公益事业，在当地有较高群众公信力，项目实施方要定期对其进行专业技能培训，并组织专家授课、交流学习，以及到幼儿园进行5～10天实训，还要组织幼教老师到项目点开展志愿活动。

马雪梅担任“童伴妈妈”3年多来，共开展主题活动100余场，开展家访504人次、校访252人次，精准帮扶解决留守儿童个人及家庭需求12件，整合社会关爱资金及物资3.5万元。西山坪村项目点的实施效果得到社会各界的肯定。

“道德银行”引领文明新风

6月15日上午，南江县正直镇长滩社区居民张丽春用“道德银行”28积分换取了4把挂面，另一位居民刘本江用30积分换取了4把挂面和1提卫生纸，还有一些居民换取了米、面、菜油、洗衣粉等生活物资。“继续努力，争取下季度得更多积分。”张丽春说。

长滩社区于2012年引进四川七彩林业开发有限公司，流转土地1 043.32亩，同时吸纳居民近200人常年务工，每年从企业获得各项收入250多万元。目前该社区林下经济、旅游、文化体育、健康养生等产业发展良好。

经济发展了，生活也好了。长滩社区结合庭院经济发展，在保留原有住房风格的基础上，科学规划污水管网，规定统一排放到污水预处理池，经过“厌氧＋好氧”工艺处理后排入镇污水处理厂，最大化实现污水资源化利用，并将人居环境整治效果纳入“道德银行”考核。

长滩社区的治理靠“一强四治”，即党建强社区、自治管社区、法治护社区、德治立社区、共治安社区。“德治立社区”的具体办法是通过“道德银行”把居民优秀道德行为量化成积分，作为兑换奖品、换取服务，以及年终评选“道德之星”的重要依据，让德者有得。

社区党支部、居委会组织召开党员干部和群众代表会议，议定“十五要、十五不要”公约、“道德银行”评分细则和道德模范的具体要求，研究制定实施方案和积分兑换办法，然后召开群众大会公布，把公约和“道德银行”积分标准转化为全体居民的行为准则。

“自从我们建立‘道德银行’后，酒席大操大办、铺张浪费的陈规陋习得到有效遏制，居民逐渐养成了自觉抵制不讲卫生、不重礼貌、不敬长辈、好逸恶劳等不良现象的意识。”长滩社区党委书记李显金说，党员以身作则和带头示范起到了很好的作用。

整合牦牛全产业链　带领群众持续致富

刊播：《光明日报》（2020年8月3日）
作者：李晓东　周洪双

奋斗实干在一线

红原县是四川省阿坝藏族羌族自治州的纯牧业县，当地农牧民主要靠养牦牛为生。由于草原资源有限，加之受恶劣自然环境和严寒气候条件的影响，畜牧业发展的潜在风险很大。为改变这一现状，曾在红原县多个部门从事扶贫相关工作的八宝，2011年退休后，下定决心要改变这贫困落后的现状。

2016年8月，八宝通过整合全县34个合作社，成立红原县更攀农牧民专业合作社联合社，探索实施“政府+联合社、金融机构、合作社、牧户、贫困户”的“1+5”产业扶贫发展新模式，全县13个贫困村长期受益，取得了良好效果。

整合34个专业合作社抱团发展

红原县地处“世界屋脊”青藏高原东部边缘，平均海拔在3 500米以上，独特的自然生态条件孕育出的牦牛壮硕而肥美。近年来，红原县依托牦牛资源，相继成立各种专业合作社34个，仅牦牛酸奶就有近10个合作社在生产。

“合作社规模小，产品同质化现象严重，加之没有统一品牌，技术创新不足，发展不起来。”八宝认为，要想将牦牛产业发展壮大，必须依靠抱团发展和引进新的产业方式，才能扶持带动更多的牧民群众增收致富。

2016年8月，由八宝牵头组织整合34个专业合作社成立的红原县更攀农牧民专业合作社联合社挂牌，八宝任社长。联合社的股权结构为建卡贫困户占总股20%、13个贫困村占总股15%，再分国家股、集体股、合作社股、贫困户股，以“分红保底、只增不减，脱贫转股、死亡递减”的方式为贫困人口建立增收利益链，使贫困村、贫困户长期受益。

在联合社成立初期，为了解各合作社的情况，八宝连续5天没有返回县城的家。2016年11月26日，联合社基地回填工程拉开序幕时，用于基地建设的资金出现了问题。为保障联合社基地回填工程顺利推进，八宝带头为联合社个人垫资6万元。受八宝的影响，大家总共筹措垫资160万元，使回填工程顺利推进，更为2017年联合社基地建设奠定了坚实基础。

目前，联合社已建设完成奶类、肉类成品产品，乳类化妆品和工艺品厂房16 000平方米，可实现年生产奶类50吨、肉类180吨，年营业收入达500万元。面对步入运营正轨的联合社，八宝每天都充满干劲。

“我们的最终目标是建立红原农牧民自己的大企业。”八宝说，以前的合作社是单打独斗，红原县更攀农牧民专业合作社联合社成立后就相当于搞了个产业联盟，不仅避免了恶性竞争，还提升了产品的核心竞争力。

截至目前，该联合社已拥有草原面积15万余亩、各类牲畜1万余头、参社社员1万余人，覆盖全县11个乡（镇）34个村，辐射人口约3.4万人。2019年，5 046名贫困人口实现人均分红190元。

统一管理、统一标准、统一销售打造生产线

长期以来，红原县出产的各种肉制品、奶制品深受游客和当地群众的喜爱。由于牦牛酸奶加工工艺简单，牧民都是像蒸馒头一样在家里自己制作，没有生产标准，更多是凭经验生产，导致品质忽高忽低。对此，作为联合社社长的八宝感到非常惋惜。

“以酸奶为例，牧民手工制作的酸奶，保质期一般在三四天。技术标准不一是红原所产酸奶难以走出草原、进入大城市的关键因素之一。”八宝说，现在通过引入先进的酸奶生产线，能生产液态、搅拌型和凝固型酸奶，保质期可达21天。

“过去牦牛产品单一，处在低产出的粗放式经营阶段，导致牧民的经济收入很低。联合社成立后，局面一下子就打开了。”八宝说，联合社通过统一产品标准、品牌体系、技术指导、产品包装、产品营销等，已陆续打造牦牛绒加工、牦牛酸奶生产等生产线，现在可以生产出各类优质的牦牛系列产品。目前，用于主打市场的红原牦牛酸奶，日产可达10 000吨。通过与成都市区的200多家超市对接，接下来联合社会全力备货，让成都市民享受来自高原的营养美味。

近几年来，红原县更攀农牧民专业合作社联合社在八宝的带领下，已建成牦牛肉、牦牛奶、毛地毯、日用化妆品4条先进生产线，产品涵盖牦牛肉、牦牛奶、酥油和牦牛化妆品系列。所生产的牦牛酸奶、肉酱等成为直供的航空食品；通过与高校合作研发，已开发出符合高原气候特点的乳制品、肉制品、化妆品等四大类12个品牌，进一步提升牦牛产品的附加值。

八宝介绍：“我们通过统一管理、统一标准、统一销售来实现老百姓增收，让他们的牛毛、牛皮、牛肉、牛乳、牛骨骼等农产品能卖到更好的价钱。同时，联合社每年都将固定营业收入的40%返还给贫困户，从制度上保证他们的收入持续稳定。”

探访四川“养猪大楼”：生猪规模化养殖的未来？

刊播：中国新闻网（2020年8月21日）
作者：陈选斌

【正文】

近年来，随着国内对生猪养殖的环保要求越发严格，不少传统养猪企业加速布局生猪全产业链项目，加快生猪产业转型升级和绿色发展。

【正文】

在四川遂宁市船山区生猪种养循环现代产业园区内，一栋9层高的“养猪大楼”矗立在山水田园之间。为预防病菌感染，工作人员进入“养猪大楼”要经过检测、消毒和隔离3道关，隔离时间达72小时。大楼内，该猪场场长陈军通过视频连线的形式介绍，这栋占地约10亩的“养猪大楼”是四川首个规模化全生态立体养猪场，于今年5月底投入使用。每层楼只需要2～3人管理，工作人员只需要负责母猪的配种、疫苗注射等环节。目前已有8 000头能繁母猪“入住”大楼，预计今年可生产20万头猪苗。

【同期】“养猪大楼”场长 陈军

智能化立体猪场与传统猪场相比，排污量少、智能化程度高，采用全自动化的模式，不需要人工喂料，也不需要人工打扫卫生，改变了传统养猪模式的脏乱差累，改善了猪的生活环境。

【正文】

该大楼所属公司负责人童其权介绍，楼房式养殖较传统平层式养猪模式节约用地90%以上、用水70%以上。大楼通过大数据自动化控制系统，在测膘、温控、饲喂、清粪等环节实现智能控制，尽量减少人、猪、设备间的接触频次。同时，猪产生的粪便经过发酵处理变成有机肥，最后用于园区周边的青花椒种植，实现“种养循环”。

【同期】“养猪大楼”所属企业负责人 童其权

我们公司从2008年开始养猪，原来修的猪场和对面的老式猪场一样。2008年以前不讲究环保，不讲究生物安全，不讲究节约土地，什么都不讲究。总结了多年养殖经验和非洲猪瘟的影响后，我们决定把环保放在第一位。因为企业要长期发展，就必须重视环保，如果连环保都没做到，就不能生存下去。

【正文】

农业农村部部长韩长赋在今年两会期间介绍，目前国内规模场饲养的生猪占52.3%，中小户饲养的占47.7%，其中年出栏5万头以上的场数仅占0.000 7%。在四川省畜牧科学研究院副院长何志平看来，未来会有越来越多的农户退出生猪散养，生猪养殖的规模化程度会越来越高。

【同期】四川省畜牧科学研究院副院长 何志平

为什么会出现这种情况？我觉得原因在于规模化养殖的核心优势就是生产效率高。第一，人均饲养数量比传统养殖模式多，在规模化养殖模式下，人均饲养数量一般可以达到500头。第二，规模化养殖能推广先进的技术，批次化生产的工艺在大型的规模养殖场能够得到迅速应用，有利于降低成本。第三，“楼房式”的养殖场能够解决土地问题，单位土地面积上的出栏率较高。

【正文】

2019年非洲猪瘟疫情快速蔓延，全国生猪养殖量断崖式下跌，非洲猪瘟疫情仍是当前生猪恢复生产的巨大压力来源。同时，疫情也倒逼很多养猪企业加强生物安全体系建设以应对挑战。

【同期】四川省畜牧科学研究院副院长　何志平

非洲猪瘟使养殖行业发生很大改变。在生物安全措施上，企业的投入非常大，比如修建消洗车间、为车辆和工作人员消毒，还有非洲猪瘟常态化检测，这些都是需要投入真金白银的。就猪场的生物安全防护水平而言，应该说我们上了一个台阶。未来的生猪养殖发展趋势，就是生产规模化、品种良种化、养殖设施化、防疫制度化。

四川：现代农业园区满园“科技范儿”

刊播：人民日报客户端（2020年8月23日）
作者：王永战

猪也能住在高楼里，享受空调？泡菜还能实现机械化规模生产？粮食精准种植，竟然能实时通过网络查看作物各类生产数据？

近日，记者走访四川多家现代农业园区，感受到科技赋能下现代农业满满的“科技范儿”。

现代装备，科技生产农业兴旺

9层高的“电梯公寓”里，住的全是种猪和猪仔。冬天温度不低于18℃，夏天不高于28℃，不需人工喂食，机械化清扫猪圈，生猪粪污还会通过管网输送到异位发酵车间，经过发酵转化为有机肥。这些让许多传统生猪养殖户无法想象的事情，就发生在遂宁市船山区生猪种养循环现代农业园区里。

这是四川全省首家大数据智能化生态立体式种猪繁育场，可存栏父母代种猪8 000余头，年可提供优质仔猪20万头。让生猪住上楼房，实现清洁化生猪养殖，远不是繁育场所属的齐全农牧集团董事长童其权的最初目的。

“首要目的是节省土地，8 000头种猪按传统方式养殖，需要500亩土地，而现在的楼房养殖只需要10亩地。”童其权介绍，楼养房猪还能节水70%以上，通过大数据分析可以实时监控猪的饮食和成长情况。而令童其权更为关心的是，经历了非洲猪瘟，现在要如何保证生物安全。为了防止病菌传播，如今养殖人员进入大楼要经过检测、消毒和隔离，同时利用大数据自动化控制系统，尽量减少人与猪的接触，实现制度化防疫。

说起泡菜制作，人们往往想起传统的老坛手工制作技艺。但在眉山市东坡区现代农业产业园，泡菜已实现机械化快速生产。处暑前后，产业园里的四川省川南酿造有限公司的5条自动化生产线正在紧张工作，新鲜蔬菜经过巴氏消毒、盐渍等数十道工艺，成为一袋袋包装精美的美味泡菜。

“关键在于技术革新，通过应用我们首创的泡菜微生物分离筛选、低盐连续发酵等技术，实现泡菜规模化生产。”四川东坡中国泡菜产业技术研究院执行院长张其圣介绍，泡菜机械化生产，关键在于降低含盐量，促进快速发酵。如今，这家2013年成立的研究院已申请各类国家专利88项，通过技术创新推广，开发清酱泡菜、口口脆等泡菜新产品达100多个。“目前，东坡泡菜占全国市场份额1/3，去年年产值超过185亿元。”东坡区农业农村局局长豆成杰介绍。

在号称“中国绿茶之都”的峨眉山市，竹叶青茶业有限公司的生产车间，2 000多平方米的车间里只有2 ～ 3名工人，茶叶从筛选、分拣到炒制、烘干，全部实现自动化。“我们进口了全自动绿茶初制、精制生产设备，以及全自动除氧充氮包装机、质检设备，保证了茶叶的品质和生产速度。”公司副总经理宋少俊介绍。作为全国唯一一个以茶旅融合为特色的国家现代农业产业园，峨眉山市现代农业产业园去年茶产业综合产值已达135亿元。

科技助力，粮食生产提档升级

种业是农业的“芯片”，现如今，科技正为粮食生产提档升级提供源源不断的动力。邛崃市天府现代种业园的四川省农业科学院创新转化基地内，绿油油的稻穗将稻田装点得格外美丽。四川省农业科学院研究员李旭毅最近正带领团队忙着展示推广优秀水稻品种。“这些紫色和黄色的稻子是观赏稻，其他绿色的水稻，像那边的宜香优2115，是我们展示的高产高效品种。”李旭毅介绍，通过将众多水稻品种放到一起种植比较，可以凸显各自特点，方便农户和经销商选择配种。

让李旭毅投入更多精力的，是改进栽培技术，促进水稻适应规模化生产。2014年来到种业园后，李旭毅就一直致力于新品种的栽培和推广示范，联系中下游企业合作，推广高产稻。“现如今，在我们成都平原，水稻平均亩产520公斤左右，高于全国，机械化率也达到70%。”

而在园区内的国家品种测试中心西南分中心，农业农村部植物新品种测试（成都）分中心副主任余毅和团队致力于为西南地区农作物新品种审定提供必备的DUS（特异性、一致性和稳定性）测试、品种区试、抗性鉴定等科学权威报告。“在我们实验室，一份种子从送样到出具检测报告，总共只需要7～10天；但如果换成田间检测，平均周期为8个月。”余毅介绍，较高的检测效率，得益于先进的设备和强力的团队。

这几天，天府现代种业园的建设正如火如荼。园区规划面积约95平方千米，在占地1平方千米的核心起步区内，将重点建设四川省种质资源库、种子检测中心、西南种业科创中心、种业博览中心等，为四川乃至整个西南地区的种业发展提供坚强科技支撑。

而在数十千米外的崇州市粮油现代农业园区，崇州市秋林农业专机合作社的负责人何秋林正组织收割机收割成熟水稻。令他感到开心的是，如今通过MAP智慧农业平台提供监测数据，自己可以随时查看作物长势情况。

“你看这个色块的差异，绿色证明长势良好，黄色证明水稻长势有点问题，应该是前几天下大雨受到影响。”在园区里的MAP中化现代农业技术服务中心，中化现代农业四川有限公司总经理王文彬指着数字化大屏向来人介绍，技术服务中心可以提供土壤质量检测与修复、智能配肥和配药等服务，还具有进行农业技术培训和作物生产预测等功能。“我们的大田精准种植平台利用卫星遥感、大数据、云计算等技术，整合种、肥、药等农业生产要素，实时展现土壤肥力、墒情、温度、积温、积雨等农业生产关键决策数据，指导农业生产。”

2019年，中化集团在该园区建成该中心，实现科技惠农。与此同时，整合农机、植保、育秧、烘储等社会化服务主体 74个，集成农机农艺技术40余项，实现种粮农户产供销全程无忧。据了解，崇州市粮油现代农业园区总建设面积278.9平方千米，耕地面积26万亩，2019年实现总产值209 648万元，较2017年增33.9%，园区亩均农业总产值8 063元，高出成都全市平均水平1 367元，高出全市平均水平20.42%。

“现代农业园区多贡献，离不开科技引领。”四川省农业农村厅有关负责人介绍，围绕四川省委提出的“农业多贡献、工业挑大梁、投资唱主角、消费促升级”工作思路，四川将聚力建设现代农业园区，着力提高科技惠农含金量。截至目前，四川全省累计建成各级园区948个。到2022年，四川省级园区的建设数量将突破150个。

产业跑得快，多亏园区带

四川省现代农业园区发展掠影

刊播：《农民日报》（2020年8月25日）

作者：张艳玲

今年3月，四川省委农村工作会颁出3项大奖，除了农民增收和农村改革两个延续多年的传统先进奖项，还首次颁出含金量颇高的星级现代农业园区大奖。

上榜的35个现代农业园区，最低可获得1 000万元的省级财政奖补，奖补资金总额超过5亿元。与此同时，60个园区进入2020年度星级园区培育名单，每个都将获得1 000万元的培育资金。四川是个西部省份，每年安排的省级财政资金超过10亿元，足见对农业园区的重视。

2018年9月，四川省委召开乡村振兴大会，明确指出发展现代农业园区是推进农业高质量发展的重要抓手，也是实现农业现代化的重要路径，标志着四川现代农业园区建设从一项部门工作升级为省委、省政府重点工程，考评激励体系、星级评定体系等配套政策陆续出台。

截至目前，四川全省累计建成各级园区948个，除首批认定的35个省级星级园区外，还建成和创建国家级产业园11个，由点及面，串联起四川省现代农业“10+3”产业体系的四梁八柱。作为农业现代化的先行区、农村改革的“试验田”、产业兴旺的示范区，四川现代农业园区建设成效如何？在四川省现代农业园区建设现场会召开前夕，记者走进园区，感受四川现代农业发展脉搏。

循环种养可持续

内江隆昌市地属浅丘，田多土少，是四川水稻优势产区，然而在很长一段时期内却陷入增产不增收的困境。近年来，隆昌“全国阳春虾第一县”的名声不胫而走，稻农每亩增收超过3 000元，靠的正是“一水两用、一田双收”稻渔综合种养模式。

“春季稻虾看四川，四川吃虾到隆昌。”隆昌市市长蒋学飞告诉记者，由于春季回温快，隆昌稻田虾比江汉平原的小龙虾早上市1个月，甚至能实现“两季稻、两季虾”，既稳定了粮食生产，又多收两季虾。

作为四川省首批五星级现代农业园区，2019年隆昌稻渔现代农业园区稻渔总产值达6.6亿元，小龙虾产量7 200吨，约占全省20%，排名全省第1，“中国西部鱼米之乡”雏形初具。

生猪养殖龙头企业齐全农牧集团也深谙种养循环之道。在五星级园区遂宁市船山区生猪种养循环现代农业园区，齐全农牧集团布局建设的齐全生态现代农业科技示范园，8 000头能繁母猪已经入场。与此同时，去年流转打造的近万亩青花椒种植基地已反包倒租给园区农户，企业承诺按保底价收购，以统一品牌打造各类花椒产品。

“花椒产业的收益全部给农民，企业不指着这个挣钱，主要是为了消纳猪场产生的3万多吨有机肥。”齐全农牧集团董事长童其权介绍，如果周边没有种植基地，企业处理粪污的年支出将超过1 000万元。

2019年，遂宁市船山区生猪种养循环现代农业园区年繁育仔猪27万头，出栏育肥猪25万头，是实打实的养猪重镇。通过在养猪场周围布局发展花椒、柑橘、中药材、蔬菜产业，园区形成了产业链条的生态闭环，实现了生猪粪污资源化、绿色化利用，畜禽粪污资源化利用率达100%。

记者发现，在四川省首批上榜的35个星级现代农业产业园区中，有6个采用种养结合、生态循环模式。四川省农业农村厅相关负责人表示，《四川省现代农业园区建设考评激励方案》和《四川省现代农业园区认定评分标准》鼓励园区主导产业之间通过种养结合、生态循环、轮作倒茬、间作套种等方式相互联系，以实现农业园区可持续发展。

科技支撑强动力

四川省农业科技进步贡献率分别较浙江、江苏低5个、10个百分点，主要农作物耕种收综合机械化水平还未达到全国平均水平。如何突破？四川现代农业园区正是善用科技改变传统农业生产方式的先锋队。

崇州市粮油现代农业园区内，四川农村社会化服务总部崇州中心的大屏幕上，通过遥感卫星信息收集分析，园区内土地呈现出不同的色块。“蓝色、绿色代表较好，黄色则表示不好，提示需要进行干预管理。”中心负责人、中化现代农业四川有限公司总经理王文彬告诉记者，通过卫星遥感技术，村民足不出户就能了解田间作物情况，在今年新冠疫情防控期间帮了大忙。

遂宁市船山区生猪种养循环现代农业园区内的“养猪大楼”，外观其貌不扬，实则科技感满满。这栋9层大楼耗资超过3亿元，配备了一流的智能化控制系统，可实现控温、通风、投料、除污、疾病预警等各个关键环节的自动管理，工人不用投料、扫圈，只有配种和疫苗注射时需要进圈，降低了疫病风险，也节约了人工。

楼房养猪最大的好处是节省土地，最大的难点是通风问题。童其权介绍，整栋大楼采用负压通风方式，通过科学设置入风口和通风道，实现了猪舍全封闭管理却通风透气、空气清新。

眉山市东坡区现代农业产业园是全国首批国家级农业园区之一，园区产值过亿元的泡菜龙头企业有19家。除了产业化程度高，园区还拥有全国唯一一个泡菜产业技术研究院。“我们团队研发的泡菜微生物分离筛选、连续式低盐发酵泡菜等10多项技术获国家专利。”研究院执行院长张其圣告诉记者，通过技术创新推广，目前东坡区运用新技术、新工艺开发的清酱泡菜、口口脆等泡菜新产品已达100多个。

位于国家级杂交水稻制种基地的成都邛崃市天府现代种业园更是聚焦种业高端，志在打造立足全川服务西南的种业芯片。不久前，四川农业大学教授、水稻育种专家李平就带着团队落户园区。“种质资源库、检测中心、实验中心、标准化厂房、示范基地、科创中心、博览中心……天府现代种业园规划起点很高，涵盖了种业研发、示范、推广等各个关键环节，构建起一套完整的链条，将来会吸引更多种业企业入驻。”李平表示。

记者注意到，在四川星级园区评分标准中，设施装备和科技支撑两项共25分，占比达1/4，这其中不少是硬指标。“在政策‘指挥棒’作用下，园区烘干、冷链等装备设施日益完善，信息化水平不断提高，科技支撑实力不断增强。”四川省农业农村厅相关负责人表示。

三产融合添活力

自古名山出好茶，峨眉也不例外。凭借得天独厚的资源条件和良好的产业基础，2017年9月，峨眉山市入选第二批国家现代农业产业园创建名单。三父子茶业等园区加工企业抓住创建契机，纷纷对生产车间进行改造升级，单厂日初加工明前鲜叶能力从两三千斤跃升至上万斤。

依托20余万亩茶园，峨眉山市现代农业产业园跳出基地抓基地，走出了一条大融合促大基地的路子。嘉峨茶谷是产业园重点打造的茶旅融合项目，总投资1.5亿元，占地面积3.3平方千米，涵盖茶叶基地、加工和茶旅三大板块。记者来到嘉峨茶谷时，一场红茶品鉴会正在进行，国家一级评茶师陈建桂一边冲泡手工茶，一边为游客讲解茶艺。

“背靠峨眉山景区，如何把1 800万人次的游客引流到园区，体验传统手工茶艺，感受峨眉山茶文化，是园区的重大课题。”峨眉山市现代农业产业园服务中心主任彭诗说。

记者看到，茶谷内的茶园步道、手工茶传承人工作室、产品展示中心、品茗室等都已建成并投入使用。“春茶采摘期间，村民把采茶制茶的体验活动搞起来，那时候这里会更热闹。”村民杨明峨很有信心。

茶文化历史厚重、源远流长，三产融合自然得心应手，却不承想，泡菜园区搞起三产融合来也不示弱。在眉山市东坡区现代农业产业园，以泡菜为主题的专业性博物馆——中国泡菜博物馆将泡菜的前世今生介绍得趣味盎然；已连续举办11届的泡菜博览会，每年吸引来自俄罗斯、韩国、日本、泰国等国家及国内的200多家以生产泡菜、调味品为主的食品企业来到眉山，成为东坡泡菜产业闯市场、创品牌乃至走向全球的强大支撑。

在隆昌市稻渔现代农业园区内，普润镇印坝村村民将自家二层小楼修缮一新，开起了小龙虾农家餐厅。走出院子就是稻虾田，小龙虾的生长环境看得一清二楚，吃得放心。蒜蓉虾、麻辣虾、卤虾、清蒸虾、十三香虾、酥大虾……马上到饭点，老顾客上门。“可不比城里大饭店的差。”一桌客人笑着等龙虾上桌。

数据显示，截至8月21日，四川省农家乐相关企业数量超过2.2万家。其中，基础设施完善、产业基础厚实的现代农业园区正成为新一代农家乐的创业热土。

《农业多贡献——全省现代农业园区建设现场会随行广播》开场白

刊播： 四川省现代农业园区建设现场会（2020年8月25—26日）
制作单位： 中共四川省委宣传部　四川省农业农村厅　四川广播电视台
承制单位： 四川省农业宣传中心

这是一片希望的田野，千里沃土见证着颗粒归仓的喜悦；这是一个丰收的季节，巴蜀儿女书写了天府之国的美名。

习近平总书记说："对我们这样一个有着14亿人口的大国来说，农业基础地位任何时候都不能忽视和削弱，手中有粮、心中不慌在任何时候都是真理。"

让中国碗里装满中国粮，为四川农业注入新力量。

现代农业园区肩负使命、星火燎原！

让基地建设铸就根基——园区串联起"10+3"产业体系"四梁八柱"；让绿色发展绘就底色——健康牌、绿色牌、高端牌正在擦亮四川名片；让科技创新成为灵魂——集成现代农业技术的园区让"看天吃饭"成为历史；让产业融合激活生机——产品变商品、产区变景区的园区正在蝶变升级；让联农带农成为宗旨——越来越多农民朋友走进园区、分享收益、赚到票子；让社会资本引来活力——多方共赢的局面正在园区频频上演；让考评激励做好保障——强有力的管理体系化身园区建设"指挥棒"。

念好"优、绿、特、强、新、实"六字经——看成渝双城经济圈建设国家战略下，现代高效特色农业产业带如何打造；观新时代西部大开发浪潮中，四川如何燃情书写治蜀兴川崭新"三农"答卷。

这里是《农业多贡献——全省现代农业园区建设现场会随行广播》！

走进“样板间” 看农业园区如何一马当先

刊播：四川广播电视台《四川新闻》（2020年8月26日）
作者：李默　杨馥璘

【导语】

今天，全省现代农业园区建设现场会进入第2天，代表们继续在南充、广安实地考察，这里的现代农业园区最吸引他们的是什么？要如何建好绿色、特色、高效、活力、智慧、开放的园区？来听听代表们的思考。

【正文】

四川是蚕丝业的发祥地，蜀锦闻名全国，目前全省共有桑园200多万亩，蚕茧产量近9万吨，居全国第2位。蚕桑产业如何创新谋变？在南充市嘉陵区蚕桑现代农业园区，一种全新的蚕桑分离喂养模式吸引了代表们的注意。

【同期】记者　李默

在我们的传统认知中，蚕是吃着桑叶慢慢长大的，在这里，养蚕却不喂桑叶，而是改吃人工饲料。专家们配备出一种能够保有桑叶原有气味与营养成分的套餐，这就打破了桑叶生长的季节性限制，实现全年工厂化智能养蚕。

【同期】四川代代为本农业科技有限公司董事长　陈岗福

这颠覆了我们传统的养殖模式，农业的转型是必须的。接下来我们会从中药材麦冬入手，全方面深入思考下一步该如何借鉴兄弟单位好的模式，来发展我们的麦冬产业。

【同期】记者　杨馥璘

如何让有机果卖出好价钱？质量是关键，农产品营销模式还得求新、求变。在西充县有机果蔬现代农业园区，我身后的这个直播间曾经3分钟卖出

600万元西充特色产品。我手中的有机火龙果也是今天直播的主打产品之一。

【同期】四川省农业科学院院长　牟锦毅

园区的最大特色就是把科技贯穿于整个产业的发展过程中，新品种、新技术、新装备的支撑作用非常明显，特别是结合新产品推荐，把我们的最新研究成果率先在园区推广。

【正文】

在广安武胜，新希望六和股份有限公司在四川启动的第一个立体养殖项目正在建设中，预计年底实现封闭生产。园区柑橘种植和生猪养殖循环发展的创新经验给代表们留下了深刻印象。

【同期】攀枝花市盐边县委书记　李春华

以种定养、以养定种，配套发展养殖和种植，一方面能够为种植业提供很好的肥料，保证土壤品质，打出品牌，另一方面能够提供生猪养殖的空间，为我们的生猪保供和农民增收作出很大的贡献。

【正文】

2天5市17个园区，代表们一路走一路学，科技加持、种养循环、三产融合，一个个教科书般的典型案例给大家带来不少思考和启示。

【同期】内江市委书记　马波

把“农业多贡献”这项工作紧紧地抓在手上，找到抓手，找到特点，找到最重要的主攻方向：一是保证粮食的生产安全，二是突出抓好内江黑猪、资中血橙、威远无花果和全市的特色水产这4个有特色的重点产业，按照园区发展理念，为全省擦亮农业的金字招牌。

【同期】会理县鹏睿琪农业开发有限公司副总经理　何永光

最重要的是开拓我们的眼界，对养殖产业来说，延伸产业链、增加附加值，我觉得是值得我们学习的。

【同期】乐山市金口河区委书记　张建红

我们正处在巩固脱贫摘帽的成果、迈向乡村振兴的关键时期，这次会议使我们增添了信心，我们感觉到这项工作抓得好、抓得及时。之后我们将认真贯彻本次会议精神，抓好现代农业产业园区的培育和创建。

走在希望的田野上

刊播：四川省现代农业园区建设现场会（2020年8月26日）
制作单位：中共四川省委宣传部　四川省农业农村厅　四川广播电视台
协助制作单位：四川省农业宣传中心

春耕、夏耘、秋收、冬藏，四时更迭，万物生长。自然赋予生命最动听的乐章，土地给予人类最丰厚的滋养。

天府之国，沃野千里。

习近平总书记牵挂着的这方热土，是中国农村改革的重要发源地。农业大省的金字招牌，从历史深处走来。

念好“优、绿、特、强、新、实”六字经，让农业大省金字招牌越擦越亮，巴山蜀水牢记嘱托，举旗定向。

新时代治蜀兴川的重中之重，镌刻在乡村振兴的壮美画卷上。现代农业园区的种子播撒在希望的田野上，汇聚起推进农业农村现代化的磅礴力量！

亚热带季风又一次掠过成都平原，颗粒归仓的故事即将上演。

海拔4 000米的“天空之城”中，“极地果蔬”长势喜人。

大巴山深处的黄羊、黑猪、跑山鸡越过山丘，上了餐桌就是珍馐。

乡野间的这栋大楼里，住上“电梯公寓”的猪仔吃饱喝足，转眼就膘肥体壮。

这是四川农业生机盎然的缩影。

这是农业园区热火朝天的山歌。

农业，这一最古老、最基础的行业，在巴蜀大地传承千年，如今正焕发出新的勃勃生机。

让特色产业的特色更突出，让支撑产业的支撑更有力——

四川深入贯彻落实习近平总书记系列重要指示精神，站高谋远，精准发力。

四川省委十一届三次全会以来，从乡村振兴到现代农业园区再到“10+3”产业体系，一脉相承，与时俱进。

现代农业园区是农村改革“试验田”、农业技术“推广站”和现代农业“样板区”，它有利于促进要素集中、产业集聚、企业集群，有利于打通先进生产力进入农业的通道，有利于推动农业向多业态、多空间延伸，驱动农业农村经济转型升级。

把建设现代农业园区作为乡村产业振兴的“牛鼻子”和战略支撑点，推进川粮油、川猪、川茶、川菜、川酒、川竹、川果、川药、川牛羊、川鱼十大优势特色产业全产业链融合发展，夯实现代农业种业、现代农业装备、现代农业烘干冷链物流三大先导性支撑产业——以现代农业园区为载体，培育壮大“10+3”产业体系。四川省委的一系列决策部署，清晰擘画出擦亮农业大省金字招牌、向着农业强省跨越的蓝图。

“中国最晚熟荔枝”漂洋过海，今年首次进军北美。荔枝走下枝头，全程冷链物流，跨越山海也能新鲜如初。

四川省在3月底首批命名公布35个省级星级现代农业园区。省级园区星级评定，是四川现代农业园区建设中的一大创举。在疫情防控背景下去审视，这更像一颗“定心丸”。

2月26日，疫情防控仍吃紧时，天府现代种业园4个配套项目集中开工，为园区按下了“快进键”。

两手抓、两手硬、两不误、两促进，这是四川在疫情之下牢牢稳住“三农”基本盘的主旋律。

四川省委提出“农业多贡献、工业挑大梁、投资唱主角、消费促升级”，把农业放在首要位置，既是一以贯之的关注，更是力重千钧的托付。

（展示数据：1—6月，四川生猪存栏3 322.7万头，累计出栏2 228.7万头，位居全国第1，以生猪生产为主的民间投资增长25.1%，生猪标准化养殖场建设项目完工1 364个；四川新鲜水果出口40 000吨，同比增长1 010.4%；第一产业固定资产投资增长22.9%，比全社会固定资产投资增速高17.9个百分点，其中民间投资增长25.1%；农村居民人均可支配收入增长7.6%。）

“农业多贡献”，生猪是关键。上半年，四川生猪出栏量位居全国第1，以生猪生产为主的民间投资增长25.1%，生猪标准化养殖场建设项目完工1 364个。

新鲜水果出口量同比增长10倍。粮食生产稳定供给。

第一产业固定资产投资、增加值，农产品加工企业主营业务收入，农村居民人均可支配收入，都交出了稳定增长的合格答卷。

这既为全省经济发展大局作出了贡献，也为持续推进现代农业园区建设注入了动力。

截至目前，全省累计建成各级园区948个。其中，建成和创建国家级产业园11个，首批认定省级星级园区35个。

到2022年，省级园区的建设数量将突破150个。未来，更多的“实力型选手”将有望被点亮“星标”。

评上星级绝非一劳永逸；在动态考核管理之下，尤需加倍努力。

远程监控、节水滴灌，大凉山的这个园区里，科技的加持为产业扶贫增添动能，也让“看天吃饭”成为历史。

类似的场景比比皆是。

智慧农业星火燎原，传统行业改头换面。种养循环提档升级，绿色发展为园区勾勒出最亮丽的一笔。

7月，广安龙安柚饮料生产线正式投产。生产、包装、加工、销售及冷链物流一条龙，让产品身价倍增。

以精深加工提升附加值、延伸产业链，全省60家国家级、443家省级、946家市级农业产业化重点龙头企业入驻园区，火力全开。

深耕30年，成就年产值69亿元的“红心猕猴桃第一县”；全国名优绿茶单品销售量第1，“竹叶青”品牌价值达25亿……在特色上做文章、以质量创品牌，“川字号”蜚声海内外。

产品变商品、园区变景区、农房变客房……一、二、三产业联动，农、文、旅、体、养交融，园区集聚叠加效应显现。

企业当龙头，园区搭平台，由“公司＋园区＋合作社＋农户”组建的农业产业化联合体正在异军突起。

（展示数据：构建“企业＋园区＋合作社＋农户”的利益联结机制，带动建成农民合作社1.57万个、家庭农场1.37万家，推动建立产业化联合体200个以上；全省879万农民入园就业，园区农民人均可支配收入达到18 149元，高出全省平均水平23.7%。）

土地流转得租金、入园就业得薪金、家庭经营得现金、股份分红得股金，“一地生四金”为助农增收蹚出新路。

财政资金撬动，各类要素集聚，园区建设近两年已累计吸引836.6亿元社会资本、274亿元金融资本投入，“洼地效应”正在加速形成。

创新、绿色、协同、集聚、融合，现代农业园区成为提质增效的“催化剂”、转型升级的“增长点”、“农业多贡献”的“发动机”。

建基地、强加工、创品牌、促融合，园区依产而建、因产而兴，由点及面、连线成带，串联起的是“10+3”产业体系的“四梁八柱”。

“农业多贡献”，现代农业园区正一马当先！

金风送爽，天道酬勤。丰收的季节里正孕育着更大丰收，希望的田野上将收获更多希望。

在成渝地区双城经济圈建设的国家战略下，打造成渝现代高效特色农业带；在稳住农业基本盘、促进国内大循环、构建国内国际双循环的新发展格局中谋篇布局；在做好乡镇行政区划和村级建制调整改革的“后半篇”文章的过程中拓展新的发展空间……

现代农业园区建设正面临“育新机、开新局”的重大发展机遇！

耕耘天地间，巴蜀儿女牢记习近平总书记嘱托，正以高质量、高标准建设现代农业园区的生动实践，擦亮农业大省金字招牌，燃情书写治蜀兴川再上新台阶的“三农”答卷！

彭清华在全省现代农业园区建设现场会上强调

以现代农业园区建设为重点推进农业农村现代化

刊播：《四川日报》（2020年8月27日）
作者：张守帅

（欧阳杰摄）

现代农业园区是农村改革的“试验田”、农业技术的“推广站”、优质农产品品牌的“孵化器”、现代农业的“样板区”，是推进农业农村现代化的重要抓手。8月25—26日，四川省委、省政府召开全省现代农业园区建设现场会，省委书记彭清华出席会议并讲话。他强调，要深入贯彻习近平总书记关于“三农”工作的重要论述和对四川工作系列重要指示精神，认真落实党中央关于实施乡村振兴战略的决策部署和省委、省政府关于发展现代农业园区的安排部署，以现代农业园区建设为重点推进农业农村现代化，按照高质量发展要求，进一步补短板、强弱项、上台阶，实现四川省现代农业综合水平显著提升，加快推动四川由农业大省向农业强省跨越。

四川省委副书记、省长尹力主持会议，省委副书记邓小刚出席。

（欧阳杰摄）

四川省委、省政府高度重视现代农业园区建设，2018年召开全省乡村振兴大会专门作出部署，明确把发展现代农业园区作为推动四川农业高质量发展的“牛鼻子”强力推进，出台考评激励方案，对园区建设实行星级评定、动态管理，引导园区建设突出特色、百花齐放、发扬优势、各展所长，经过两年来的持续用力，全省园区规模大幅扩展，园区效益显著提升，辐射作用持续增强，富民增收更加明显，取得了新的重大成效。25日至26日上午，彭清华、尹力、邓小刚分别率队前往巴中市、广元市、达州市、广安市、南充市，深入12个县(市、区)的现代农业园区进行实地考察。这些园区既包含国家级园区和省级三星、四星、五星园区，涵盖川粮油、川猪、川果、川牛羊等十大优势特色产业，又覆盖生产、加工、销售、物流等全产业链，在创新管理体制机制，引进农业产业化龙头企业，培育农民合作社和家庭农场等新型农业经营主体，带动村集体经济、县域优势特色产业、乡村旅游发展，促进农民增收致富等方面创造和积累了好的经验做法。参会代表普遍反映，通过参观学习，真切感受到了四川省现代农业园区发展的蓬勃态势，进一步增强了抓好工作的信心和劲头。

（欧阳杰摄）

加快现代农业园区建设　推动“农业多贡献”

刊播：《四川日报》(2020年8月27日)

作者：《四川日报》评论员

建设现代农业园区大有可为，推动乡村振兴发展未来可期。

习近平总书记指出，农业要振兴，就要插上科技的翅膀，就要靠优秀的人才、先进的设备、与产业发展相适应的园区。这为我们做好新时代农业农村工作指明了前进方向。加快现代农业园区建设，既是深入贯彻习近平总书记关于“三农”工作的重要论述和对四川工作系列重要指示精神，认真落实党中央关于实施乡村振兴战略部署的举措，也是应对新冠疫情冲击影响和经济下行压力的题中之义，必须从战略和全局的高度，进一步深化对建设现代农业园区的认识。

“三农”是战略后院，在常态化疫情防控大背景下，加快现代农业园区建设是抓“六保”促“六稳”、做好农业农村农民工作的重要支撑；现代农业园区代表着农业农村先进生产力的发展要求，在新型工业化、信息化、城镇化、农业现代化“四化”同步发展的大逻辑下，加快现代农业园区建设是推动农业现代化、实现高质量发展的关键之举；现代农业园区一头连着农业农村，一头连着工业、服务业和城镇，在实施乡村振兴战略的大格局下，加快现代农业园区建设是破解城乡二元结构、促进城乡融合发展的必然要求。自2018年四川省明确把发展现代农业园区作为推动四川农业高质量发展的重要抓手以来，全省现代农业园区规模、效益、辐射作用等显著提高，富民增收取得显著成效，表明这一决策部署既符合实际又行之有效。今年针对在常态化疫情防控中推进经济社会发展的新形势，四川省委鲜明提出“农业多贡献”，就是要加快推进现代农业园区建设，稳住农业基本盘，着力构建现代农业“10+3”产业体系，推进四川省加快由农业大省向农业强省跨越。

当前，四川省现代农业园区建设已经到了整体成势、能级提升的重要阶段。既要抓住用好脱贫攻坚即将胜利收官、乡镇行政区划和村级建制调整改革“前半篇”任务基本完成、农业农村改革继续深入推进、成渝地区双城经济圈建设国家战略落地实施等有利条件，为全面建成小康社会、实现乡村全面振兴打下更加坚实的基础；也要看到四川省还不是农业强省的现实，进一步补短板、强弱项、上台阶，把现代农业园区建设抓得更紧、更细、更实。一方面对标高质量、高标准建设现代农业园区要求，把规模与效益、品质与价值、供给与需求统筹起来，打造“绿色、特色、高效、活力、智慧、开放”的现代农业园区，做大擦亮四川农业大省金字招牌；一方面结合四川各地情况不平衡的实际，在深化改革上下功夫，创新完善园区组织管理、利益联结、要素投入保障、人才振兴等机制，不断提升现代农业园区发展水平。同时加强组织领导，县级党委、政府切实担负起园区规划建设主体责任，把园区建设纳入乡村振兴领导机制统筹推进，推动全省现代农业园区建设不断开创新局面。

抓好现代农业园区建设，就抓住了农业高质量发展的“牛鼻子”。全省上下要持续发力、久久为功，以更大力度、更实举措加快推进现代农业园区建设，为全省经济社会发展作出更大贡献。

抓住农业高质量发展的“牛鼻子”

刊播：《四川日报》（2020年8月27日）

作者：王成栋

8月25日，告别多日阴雨，苍溪、大竹、平昌3县同时迎来“秋老虎”。天气热，现场更热。当天，全省现代农业园区建设现场会的与会代表从三地出发，在一天半里深入园区，看车间、下田间、进展厅，零距离感受四川现代农业园区的发展脉动。

“农业多贡献”，园区是关键。作为农村改革的“试验田”、农业技术的“推广站”、优质农产品品牌的“孵化器”、现代农业的“样板区”，如何抓住现代农业高质量发展的“牛鼻子”、持续擦亮农业大省金字招牌，与会代表一路考察、一路思索、一路憧憬。

凝聚共识

稳住“基本盘”，现代农业园区是关键

时间回到两年前的初秋，全省乡村振兴大会吹响现代农业园区建设号角。经过两年持续发力，一组最新数据标注四川现代农业园区建设发展高度：

迄今，全省获批创建的国家现代农业产业园数量居全国首位；各类园区覆盖产业基地面积1 386万亩，较两年前接近翻番；去年全省农业园区综合产值较2017年增加1 123亿元，园内农民人均可支配收入较2017年增加5 922元。

“以现代农业园区建设为牵引，带动现代农业高质量发展，符合实际、

行之有效。”这成为与会代表的共识。

面向未来，抓住现代农业园区这个“牛鼻子”，筑牢“压舱石”，稳住“基本盘”，才能实现“农业多贡献”。这样的共识在凝聚。

西充县县长张光全介绍，通过推广有机种植理念和技术，园区不仅稳住了粮食种植面积，还把大米卖出了高于正常价格50%的高价。

不只是粮食——南充市嘉陵区柠檬生猪种养循环现代农业园区内，7层高楼拔地而起，12.5万头生猪“上楼”，只占地15亩，提高的是土地利用率，降低的是环境污染力；西充食用菌现代农业园内的星河生物科技有限公司，产出西南地区市场30%以上的真姬菇和白玉菇。

“‘三农’这个基本盘不稳，经济社会发展无从谈起。”农业农村厅副厅长杨波说，经过两年来的持续用力，现代农业园区建设成效明显，也增强了全省抓园区、强农业的信心和底气。

底气足了，心气儿也高了。“要把柚子汁做成中国的可口可乐！”广安龙安柚发展有限公司董事长王合川定下小目标。在现代农业园区内，类似王合川这样的返乡创业能人还有不少。

“有了园区，返乡能人就有了创业舞台！”凉山州副州长向贵瑜认为，建设现代农业园区，可以更好地连接农业农村与城镇、工业服务业，重塑工农城乡关系。

“产业链做强了，附加值提升了。”前来观摩的中央农村工作领导小组办公室秘书局副局长吴晓佳深受鼓舞。鼓舞来自今年以来四川重要农产品在园区带动下供给“不断档”，也来自园区对乡村振兴、农业农村现代化的有效推动。

“今年情况这么特殊，农牧民收入增速还能预计超过8%。”阿坝藏族羌族自治州农业农村局局长严扎甲感慨，如果没有全州数十个农业园区托底，这么高的目标根本不可能完成。

抢抓机遇

战略和政策利好叠加，改革活力持续释放

两天大会让与会代表强烈认识到，四川省现代农业园区已经到了整体成势、能级提升的重要阶段。

机遇首先来自国家战略和政策利好。农业农村厅相关负责人介绍，目前中央层面已经出台创建国家级园区培育意见和考核办法，真金白银支持园区建设。

受益于脱贫攻坚战略，短短五六年，南部县这个国家级贫困县从零起步，整合涉农资金和倾斜政策，完善基础设施，打造产业园。如今晚熟柑橘种植规模已达到25万亩。

作为万达开川渝统筹发展示范区的一分子，开江县已经感受到成渝地区双城经济圈建设的热度。“川渝地区将布局打造若干现代高效特色农业带，为现代农业园区建设提供重大机遇和广阔空间。”开江县委书记罗建说，他们将以园区建设为引领，高质量创建“鱼米之乡”。

利好不仅来自国家部署，还有改革释放的动能。

据自贡市农业农村局局长彭长林介绍，通过合村并镇，自贡村镇数量减少了三成，行政壁垒被打破，有利于生产要素流通和资源配置，园区得以在更宽阔的空间里重新布局。

机遇在大地上，更在小本里。作为农村改革的发源地，四川省土地确权登记颁证率达到95%，土地流转率超40%，这些都将为园区规模经营和资本下乡提供有利条件。

再启征程

补短板、上台阶，园区建设跑出加速度

会议绘制的蓝图让人憧憬：把现代农业园区建设抓得更紧、更细、更实，串点成线、连线成片、扩片成带、集带成面，最终实现全域覆盖。力争努力5～8年，实现四川省现代农业综合水平显著提升，整体实力迈入全国第一方阵。

未来可期，但也有压力在肩。杨波坦言，四川现代农业园区建设整体处于起步提升阶段，综合实力与一些先进省份相比还有不小差距。

“做实、做强高半山特色农业。”盐边县委书记李春华表示，自己要当好“园长”，做好园区建设的引导服务和监督工作，统筹推进园区规划建设和管理运营。

“提高品牌影响力，提高市场占有率。”四川省茶业集团股份有限公司党委书记、董事长颜泽文表态，要把川茶品牌打得更响，带动更多园区发展。

四川省委农村工作领导小组办公室相关负责人透露，四川省即将制定新的园区检测、评价和淘汰机制，年内启动包括农业增加值、农产品加工业和涉农服务业3方面在内的涉农GDP考核，并与园区考评相结合。

两天的现场会让与会代表信心满满：建设现代农业园区大有可为，推动乡村振兴发展前景可期。

“楼房养猪”好在哪儿
这家公司在7层楼里养猪

刊播：《四川日报》（2020年8月27日）
作者：邵明亮　史晓露

南充市嘉陵区大通镇大沟头村的山坳里，一栋白色的7层小楼安静伫立，在绿色山林的衬托下格外显眼——这是天兆猪业用来养猪的楼房。8月26日，全省现代农业园区建设现场会A组参会代表来到这里，并被“楼房养猪”模式吸引。

“楼房养猪”
让成本下降、品质上升

“这栋楼可以养5 000多头猪。”天兆猪业董事长余平的介绍引起大家的好奇。

“楼房养猪”的创意来自余平。余平是建筑专业出身，初入养猪业时吃了不少亏。这些年，他一路探索，将公司的养猪模式发展到“余式猪场5.0”版本。

养殖5 000头猪，大概需要多少地和多少工作人员？

“传统养殖场占地八九十亩，而这个养猪场占地仅有15亩。‘楼房养猪’模式大大节约了土地资源。”余平回答。

“以前可能需七八十人，现在我们的‘楼房养猪’模式最多需20人左右。猪上下楼都是坐电梯，工作人员在楼房里对生猪实行全封闭饲养、单层隔离。喂食、降温、消毒、清粪等工作都可以实现自动化。”

此外，“楼房养猪”模式还可有效防控非洲猪瘟等疾病的传播。记者获悉，该养猪场每层楼都安装有独立的通风系统，可以有效防止病毒在楼层之间传播，保证猪的健康。余平说：“集中养殖和明确分区使落实防疫措施更便捷高效。在这种现代化的养殖模式下，成本降下来了，品质却升上来了。”

科技＋环保

“楼房养猪”模式已在全国推广

这栋楼的地下1层是环保中心，负责整栋楼生猪粪污的无害化处理。

“以前，夏天养猪场的臭味能顺风飘一两公里。”余平介绍，“养猪楼”安装了通风和除臭系统，同时配置粪污处理设施28套、年产8万吨的有机肥料厂1个，实现了粪污资源化利用。

“楼房养猪”模式在养殖技术方面也有独特之处。

第一，养殖技术的进步提高了对专业人才的要求。余平透露：“在我们的楼房式养猪场里，有大学生和研究生学历的工作人员，高学历的专业人才已经是‘标配’。”

第二，养猪楼里有大量自动化、智能化应用场景，例如智能饲喂、冷热交换、智能环控、自动清粪污……

第三，在品种选育上，天兆猪业有严格的筛选程序。“我们这里的公猪都是千里挑一，母猪是百里挑一，只有选出优秀的基因，才能确保产出健康的生猪。”余平介绍，该养猪场年出栏生猪可达12.5万头。

目前，该公司的“楼房养猪”模式已在全国推广。

桃花谷　换新颜

四川普格县发展现代田园综合体，带动村民增收

刊播：《人民日报》（2020年9月1日）
作者：王永战

四川省凉山彝族自治州普格县特尔果乡洛脚俄补村桃花谷具有优越的自然条件，过去却有大片撂荒地，难以带动村民脱贫。

如今，当地以田园综合体新理念发展现代农业，建设设施高效农业、休闲观光农业、文化创意农业等。2019年，综合体实现综合经济效益80余万元，村集体经济收益达6万元。脱贫致富的新路，让桃花谷旧貌换新颜。

车行至四川省凉山彝族自治州西昌市与普格县交界处，一座4 000多米高的大山映入眼帘。“峨眉山似女子蚕蛾之眉，螺髻山似少女头上青螺状之发髻。”同行人介绍，眼前的山与峨眉山共称“姊妹山”，这便是凉山里有名的螺髻山。

此行目的地，便是螺髻山下普格县特尔果乡洛脚俄补村的桃花谷现代田园综合体。身处脱贫攻坚腹地的桃花谷，植被茂密，气候凉爽，山水相间，享有优越的自然条件。这里走出了一条什么样的脱贫致富路？记者前来一探究竟。

综合体里看现场
产业发展有声有色

天空飘着细雨，绿色遍染山间。山谷里，一位20多岁的彝族姑娘正在

黄桃树旁查看黄桃长势。看到来人，姑娘抬起头，咧嘴笑了起来。“刘书记，你们又来了！”

姑娘口中的刘书记不是别人，正是洛脚俄补村第一书记刘明。

“乃古尔作，这两天农活多不多？”

“还行，主要是摘摘果子，没想到黄桃树才种下第2年，就长了这么多果！”

聊了几句，情况已基本明了。去年3月综合体开建，第一批就种下了黄桃树。前段日子，乃古尔作又和村民们一道种下了苹果树和葡萄。这几天，员工正忙着收摘黄桃，准备试卖。

“咋样，果子不错吧！”说话间，一个高个的黝黑汉子从不远处的房间走出，向来人打招呼。

刘明接茬道：“确实不错，还是你管理有方嘞！”

被称赞的人是综合体运营方的技术人员高从杰。从在山间开荒整地，到选择种苗和日常管理，高从杰对这里的每一寸土地都十分熟悉。

“走，去看看葡萄大棚！”跟着高从杰的步子往前走，一片葡萄大棚映入眼帘。走进大棚，一串串葡萄蔓悬挂在铁丝架上，黑色水管穿梭在道垄之间。

走出大棚，沿着生产道路继续前行，崭新的水泥路一直爬上山坡。眼下，山谷间散落着一些木质屋棚，黑乌鸡在山间游走。远处，一座联排房屋已经建设完毕，对面的山上正在新修一段水泥路。

“瞧，那便是我们养殖的5 000只黑乌鸡。”站在高处，刘明介绍起综合体的情况。“联排房屋是即将建成的养殖场。”刘明说，等雨季过后，山对面的路就能修好，旁边的山坡上还会建一座养羊场。

仔细聆听，潺潺流水声从山谷间的低洼处传来。“这条小河可是我们这儿的宝，灌溉、生活、旅游观光，都少不了它。”刘明说。

一班人正看着眼前的情景入神，“咩……”不远处来了一群黑山羊。

“这是吉吾子达和俄木收尔大叔赶羊回来了。”高从杰说。果然，群羊背后，一老一少两个彝族汉子正有说有笑。

对口援助建项目
村民生活越过越好

天空稍稍放晴，日头从云间浮现。早上微凉的气温顿时升高不少。

时值正午，众人围坐在一起，一盘萝卜丝、一盆乌鸡汤、两个炒菜，便是午餐。

“这两年在综合体养羊，既学到了养羊技术，又赚了不少钱。”圆桌前，年纪最长的俄木收尔大叔打开了话匣子。

前些年，俄木收尔和妻子因为年纪大又不懂技术，所以只能种些土豆、玉米，是村里的建档立卡贫困户。

改变从对口援助开始。2016年，四川省泸州市龙马潭区开始对口援助普格县。随后，广东省佛山市禅城区也加入其中。彝家新寨建起来了，村公路也修通了，过了两年多，俄木收尔和其他贫困群众一起搬进了新寨。

致富还得有产业。2019年年初，在普格县综合帮扶工作队副队长、龙马潭对口帮扶普格县前方指挥部指挥长刘彬和驻村第一书记刘明等人的努力下，政府出钱搞基建，合作社入股，贫困户务工，企业投资运营，桃花谷现代田园综合体开始在洛脚俄补村修建。

“从去年3月份到现在，我在综合体务工就赚了1万多元，另外还有几亩地的土地流转收入。”俄木收尔说，如今家里还养了30多只羊，每只成年羊能卖1 500多元。“这两年日子起了大变化！”

22岁的吉吾子达曾在新疆、广东等地打工。“那会儿1个月也就两三千元收入。”

因父母年纪增大，吉吾子达2018年回到村里，扛起了照顾弟弟妹妹的担子。“就想着在离家近的地方打点工。”放下碗筷，吉吾子达继续说，原本以为很难找到工作，没想到综合体开建，来了一堆活儿。

从种植生姜到养殖蜜蜂，1年多来，吉吾子达没闲着，在综合体干活有工资，如今家里也养了羊和牛，都是稳定收入。

“我丈夫在福建打工，我平常主要在家带小孩。”乃古尔作接过话头笑着说，原以为在家只能采些山里的菌类卖钱，没想到综合体需要种植黄桃和葡萄的工人。离家近，活儿也不重，她便加入综合体干了起来。

“最近常在综合体干活的工人有七八个，到后面续建和扩建的时候，还会招更多临时工。”高从杰说，现在不少村民已经习惯了上午8点半上班，中午一起吃饭。“别提多热闹。”

脱贫致富新尝试
农旅结合越走越稳

饭罢言毕，众人散去歇息。跟着第一书记刘明，记者又在桃花谷里仔细转了起来。贫困地区，同样的自然条件，为何今昔变化大？大山深处，田园综合体新理念能否形成脱贫致富新路？问题萦绕在心头，还得继续好好探究。

过去是大片撂荒地，如今综合体里绿满园。“我们这里有山有水，自然条件优越，就是缺项目和理念。”刘明回忆，2019年年初，经过考察研究，前方指挥部决定筹集资金、引入企业，建设桃花谷现代田园综合体。说干就干，当年3月，两家分别来自泸州市龙马潭区和佛山市的企业被引进建设综合体。

问题随之而来，田园综合体该如何建？找专家咨询一番下来，理念有了，方向逐渐明确：用工业园区的理念发展现代农业，政府建园区，企业搞生产。

在具体规划上，再请专家来讨论，大家觉得，综合体就要有综合体的样子。“应该有设施高效农业、休闲观光农业、文化创意农业等区域。”指着项目规划展示牌，刘明介绍，“把综合体建成农文旅融合的立体循环农业。”

仔细看规划：黄桃园、苹果园等休闲观光农业区分布在综合体入口；葡萄园和养猪、养鸡、养羊场等设施高效农业区位于综合体腹地；文化创意、示范体验和科普教育农业区穿插在桃花谷中间。

规划如何落地？建园区，得有资金。为此，2019年，普格县整合泸州市龙马潭区对口帮扶、佛山市东西部协作援助资金550万元，建成了4千米产业硬化路、3千米水利设施，500平方米的养殖场也初步建成。随后，四川一家农业企业投入近300万元，流转土地，买种苗、建鸡舍、试养中华蜂。

下一步，村民和集体如何参与？村集体入股，村民打工并获得土地流转收入，资源变股权，资金变股金。

现代田园综合体，既要销售好，还得引客来。“建展销中心，邀请更多企业和商家参与。”刘明介绍，今年4月30日，经刘彬等多方协调，大凉山（普格）优质农产品展销中心在泸州市龙马潭区正式开业，来自普格县的苦荞茶、燕麦、蜂蜜、野生菌等农产品从田间地头“搬”进了明亮展厅。与此同时，一座现代化物流存储中心已在附近的五道箐乡开工建设。

脱贫致富有新路，桃花谷旧貌换新颜。2019年，综合体实现综合经济效益80余万元，村集体经济收益达6万元。“最近，我们的乌鸡蛋在线上线下热销，1个能卖到两元多！”刘明高兴地说。

旱涝保收、宜机作业！2022年四川将建成5 000万亩高标准农田

刊播：红星新闻（2020年9月3日）
作者：叶燕　林聪

四川高标准农田建设在2020年、2022年和2035年分别有什么目标？这些目标任务会对保障粮食安全发挥什么作用？随着近几年各地大规模开展高标准农田建设，建设难度和成本持续增加，建设资金如何保障？

3日，在解读四川省人民政府办公厅发布的《关于切实加强高标准农田建设巩固和提升粮食安全保障能力的实施意见》新闻发布会上，相关负责人介绍了“实施意见”的主要内容和特点，并回答了上述问题。

2020年建成4 430万亩，2022年建成5 000万亩
中央、省级和市县财政补助资金每亩共计不低于3 000元

记者从发布会上获悉，“实施意见”共4部分，包括总体要求、重点工作、强化资金投入和机制创新、保障措施。“实施意见”明确到2020年，四川会建成4 430万亩高标准农田；到2022年，四川将建成5 000万亩高标准农田，稳定保障全省粮食产量达700亿斤以上；到2035年，全省高标准农田保有量进一步提高，权责明确、主体多元、保障有力的长效管护机制基本形成。

根据“实施意见”，四川明确以“10+3”现代农业园区为有效载体，在永久基本农田保护区、粮食生产功能区和重要农产品生产保护区，以及“鱼米之乡”试点县和国家级、省级农作物制种基地县要区域化整体推进高标

准农田建设；同时，选择基础条件好、建设潜力大、工作积极性高的地区开展高标准农田建设整县示范，探索通路、通水、通网（物联网等）和平整土地“三通一平”模式，鼓励丘陵山区开展高标准农田宜机化改造模式创新。

在强化资金保障方面，四川要求各地统筹整合相关涉农项目资金，分区域、分类型科学确定高标准农田建设补助标准，确保中央、省级和市县财政补助资金每亩共计不低于3 000元；制定四川省新增耕地核定办法，加强新增耕地指标省域内调剂统筹和收益调节分配，优先用于高标准农田建设再投入和债券偿还、贴息等；用地指标跨省域调剂收益要按规定用于增加高标准农田建设投入。

建成后的高标准农田产能提高10% ~ 20%
亩均粮食产量提高50公斤以上

“实施意见”提出的目标任务，对保障粮食安全来说可发挥什么作用？资金投入是高标准农田建设的重要保障，建设资金如何保障？

四川省农业农村厅相关负责人介绍说，“实施意见”明确提出，通过持续新建和改造提升，建成集中连片、旱涝保收、宜机作业、节水高效、稳产高产、生态友好的高标准农田，促进全省保有量进一步增加。据评估，建成后的高标准农田质量提升1个等级左右，粮食产能提高10% ~ 20%，亩均粮食产量提高50公斤以上，特别是在严重气象灾害年份，项目区粮食产能稳定性水平要明显高于非项目区。到2022年四川省完成5 000万亩建设任务后，高标准农田项目区将能生产约占全省80%的粮食，对稳定保障全省粮食年产量达700亿斤以上将起到主要支撑作用。

同时，“实施意见”从强化建后管护和严格管控利用等方面，提出了高标准农田利用保护的政策要求，支持建成后的高标准农田集中用于重要农产品特别是粮食生产，对稳定粮食生产能力、稳定粮食播种面积、稳定农民种粮收益等将起到至关重要的作用。

在建设资金保障方面，2019年，四川省共争取中央财政资金41.61亿元、安排省级财政资金13.55亿元、由项目市（县）落实财政资金6.07亿元，实现了亩均财政资金不少于1 500元的要求。从2020年起，《关于加快建设现代农业“10+3”产业体系推进农业大省向农业强省跨越的意见》明确要求“中央、省级和市县财政补助资金每亩共计不低于3 000元”，落实中、省财政资金56.46亿元，并从省级层面切块下达抗疫特别国债19亿元用于高标准农田建设，助力市县积极落实本级财政支出责任，不折不扣落实资金投入。

《关于切实加强高标准农田建设巩固和提升粮食安全保障能力的实施意见》解读

刊播：《四川日报》（2020年9月4日）

作者：史晓露

高标准农田建设事关粮食产能和粮食安全。近日，四川省政府办公厅印发《关于切实加强高标准农田建设巩固和提升粮食安全保障能力的实施意见》。“实施意见”提出，今年四川将累计建成4 430万亩集中连片、旱涝保收、宜机作业、节水高效、稳产高产、生态友好的高标准农田。到2022年，建成5 000万亩高标准农田，稳定保障全省粮食年产量700亿斤以上。

推进高标准农田建设有哪些重点工作？具体如何实施？9月3日，四川省政府新闻办公室召开解读新闻发布会，对该文件进行详细介绍。

为何加强高标准农田建设？
农田基础设施薄弱，需大力提升粮食产能

四川省是全国人口大省、粮食生产和消费大省，目前，四川粮食产量近700亿斤，是全国13个粮食主产省份之一，在保障国家粮食安全方面处于重要地位。

近年来，四川省大力推进高标准农田建设。2011—2019年，全省累计投入733亿元，建成高标准农田4 169万亩。其中，2019年全省建成高标准农田380万亩，完成国家下达的年度目标任务。

不过，四川省农田仍面临基础设施薄弱、历史欠账较多等问题。四川省农业农村厅相关负责人介绍，“十二五”以来建成的高标准农田中实现“三网”配套的面积所占比重不高，有效灌溉面积仅占耕地面积的43.5%，低于全

国平均水平10个百分点；相当部分地方工程性蓄水严重不足，还有不少“旱山村”“望天田”，全省常年因干旱、洪涝等自然灾害损失粮食15亿～20亿斤。

实现粮食稳产高产，“良田”是核心。据评估，建成后的高标准农田质量提升1个等级左右，粮食产能提高10%～20%，亩均粮食产量提高50公斤以上，特别是在严重气象灾害年份，项目区粮食产能稳定性水平明显高于非项目区。到2022年四川省完成5 000万亩建设任务后，高标准农田项目区将能生产约占全省80%的粮食。

需要抓好哪些重点工作？
明确布局、建设、验收、投入等一系列任务

“实施意见”全面系统提出了今后一个时期四川省高标准农田建设的目标任务、重点工作和政策要求，是统揽全省今后一个时期开展高标准农田建设的顶层制度设计。

建设高标准农田，首项重点工作是科学规划布局。“实施意见”要求突出抓好高效节水灌溉、小型水源工程和农田宜机化建设等，形成全省三级农田建设规划体系。在建设重点方面，明确以“10+3”现代农业园区为有效载体，在永久基本农田保护区、粮食生产功能区和重要农产品生产保护区，以及“鱼米之乡”试点县和国家级、省级农作物制种基地县均要区域化整体推进高标准农田建设。

在组织实施方面，要严格按程序开展项目竣工验收；要把各级项目信息上图入库，综合运用遥感监控等技术，加快建立高标准农田管理大数据平台，建成全省高标准农田建设“一张图”和监管系统。

为保障高标准农田建设资金需要，“实施意见”明确要通过加强财政投入保障、创新投融资模式和完善新增耕地指标调剂收益使用机制，建立健全稳定增长的投入机制。从2020年起，各地要确保中央、省级和市县财政补助资金每亩共计不低于3 000元。

“实施意见”还明确了责任主体，强化政府领导直接负责的责任制，同时将高标准农田建设列为粮食安全省长责任制考核的重要内容。强化考评结果运用，建立通报约谈和考核奖惩机制，督促地方党委、政府落实主体责任。

散户养年猪　大户扩规模

四川养猪大县生猪保供见闻

刊播：新华网（2020年9月8日）

作者：高健钧　袁波

四川省中江县永太镇金桥村村民鄢谋金又开始养猪了。

每天上午他都要配好玉米和饲料，精心喂养猪圈里的1头母猪和2头30多斤的育肥小猪。

“过年的时候，2头小猪就都能长到300多斤了，正好出栏，1头卖钱，1头自己吃；母猪最近还要配种，再生小猪。”鄢谋金对记者说，去年非洲猪瘟肆虐，他家一头仔猪都没敢养。

中江县、三台县是四川生猪出栏“百万大县”。记者日前在这两个县走访时注意到，不少农民购进能繁母猪或者仔猪饲养。

当地村民告诉记者，之所以开始养猪，一方面是因为大家防范猪瘟的意识和措施增强，当地疫情大大好转；另一方面是因为家家户户要做腊肉过年，现在备年猪恰是时候。

回想起去年因非洲猪瘟损失20多头肥猪，金桥村村民鄢茂辉仍不免感到心痛。如今，他的养猪场添了30头母猪、100多头肥猪和仔猪，为保证猪的“安全”，每天他都要对猪场内外严格消毒3次。

记者在采访中了解到，当地农村猪肉价格在每斤30元左右。如果自己不养猪，许多农村家庭1周只吃得起1顿猪肉；与此同时，猪价居高不下，也让农民看到养猪的巨大收益，开始积极养猪。

“不可能每天都买肉吃，现在猪肉那么贵，在家种地、养几头猪才踏实。”三台县鲁班镇徐桥村村民江青云说。今年50岁的江青云原本在江苏打工，为了照顾孙子回到老家。眼下他养了2头母猪、5头200多斤的肥猪、11头20斤左右的仔猪。

江青云跟记者算了笔账：现在1头300斤的肥猪能卖5 000 ~ 6 000元，养1头肥猪的成本只有2 000元左右。

永太镇畜牧兽医站负责人谢雄辉介绍，去年该镇只有2 800多户养猪，今年增加了1 000多户，养1 000头猪以上的达到11户。“我们鼓励散户养猪，现在政策也比较好，养1头能繁母猪补贴300元，政策性保险方面，省级和地方财政共负担80%，农民只需缴20%。”谢雄辉说，“此外，畜牧兽医站还提供非洲猪瘟防疫技术指导。”

三台县鲁班镇幸福乡合强养殖专业合作社理事长江海河表示，去年非洲猪瘟严重时，合作社养殖户只有210户，现在已经有300户了，母猪和仔猪数量分别增加到500多头和5 000多头。“大家养猪很积极。”江海河说。

在养殖户不断增加的同时，当地规模养殖也在不断扩大。在永太镇一座山的山顶平地上，记者看到2栋10层楼高的大型养猪场正在修建。建设此项目的四川金梓源农业有限公司总经理王炜说，该项目为二期工程，明年建成后，年出栏仔猪可达100万头；今年完工的一期工程将在9月20日储备能繁母猪1万头，下月即可产仔猪20万头。

另外，四川省奉献农业有限公司也在扩大生猪养殖规模，企业总经理林善波指着监控所有代养场的电子监控屏幕说，今年企业生猪出栏量可达3万头，通过扩大投资新建猪场，明年产能将达6万头。

2020年中国农民丰收节四川省庆丰收活动启动

刊播：《四川日报》（2020年9月23日）

作者：钟振宇　史晓露　邵明亮

9月22日，2020年中国农民丰收节四川省庆丰收活动在成都市新津区的中国天府农业博览园拉开帷幕，致敬农民、共庆丰年、分享喜悦。四川省委副书记、省委农村工作领导小组组长邓小刚传达习近平总书记重要指示精神并致辞，中国农业大学校长孙其信出席启动仪式。

邓小刚强调，习近平总书记在第3个中国农民丰收节到来之际，向全国广大农民和工作在“三农”战线上的同志们致以节日的祝贺和诚挚的慰问，对各级党委和政府提出明确要求，充分体现了习近平总书记始终心系“三农”、关爱农民的深厚情怀，传递了在国内外环境发生深刻复杂变化的形势下发挥“三农”压舱石作用、加快农业农村现代化的坚定决心，为我们做好“三农”工作指明了前进方向、提供了根本遵循。邓小刚指出，越是面对风险挑战，越要重视“三农”、稳住农业，确保粮食和重要副食品安全，为做好“六稳”工作、落实“六保”任务作出新贡献。庆祝中国农民丰收节，不仅是礼赞丰收、享受丰收，更是要落实习近平总书记重要指示批示精神，乘势而上、千方百计实现粮食增产、生猪恢复生产目标，着力提升重要农产品供给保障能力，牢牢稳住“三农”基本盘。庆祝中国农民丰收节，不仅是对农民朋友的赞美和致敬，更是要对父老乡亲倾情倾力支持和点赞，营造重农强农的浓厚氛围、凝聚爱农支农的强大力量，确保乡亲们一道迈入全面小康社会。庆祝中国农民丰收节，不仅是展示成果、继续奋斗，更是要引导全社会珍惜劳动、厉行节约，坚决反对和制止铺张浪费行为，更好形成浪费可耻、节约为荣的良好风尚。

今年四川省庆丰收活动以“庆丰收、迎小康、兴乡村”为主题，活动启动仪式被列入国家庆祝活动内容，“学习强国”平台进行网络直播。启动仪式上，为获得2019年度粮食生产“丰收杯”的市（县）、第四届乡村“手工艺大师”颁奖，举行了中国农业大学四川现代农业产业研究院（新津）签约和揭牌仪式，完成了重大农业项目签约，发布了庆丰收金秋消费季最受消费者喜爱的农产品、休闲农业与乡村旅游精品线路。

四川省委常委、省直机关工委书记、领导小组副组长曲木史哈，副省长、领导小组副组长尧斯丹出席启动仪式。

喜闻“极地果蔬”香

刊播：《光明日报》（2020年10月19日）
作者：李晓东　吴春燕　周洪双　王忠耀

有着“天空之城”之称的四川省甘孜藏族自治州理塘县，蓝天白云下，连片的温室大棚格外耀眼。这里是濯桑现代农业园区，小番茄、草莓、白萝卜、香菇等果蔬长势喜人、丰收在望。2 000多千米之外，在广东珠海农控农产品物流园内，600平方米的展位前熙熙攘攘，珠海市民正在此选购来自理塘的高原农特产品。

受海拔、气候等因素影响，果蔬难以在理塘自然生长，新鲜果蔬长期以来是这里的“奢侈品”。近年来，广东珠海大力援助理塘，着力提升当地农业现代化水平，双方共建的濯桑现代农业园区拔地而起，一座座冬暖式蔬菜大棚破解了高原上的果蔬种植难题。

然而，从零开始发展现代农业，还有一系列问题摆在理塘与珠海双方面前：谁来种？种什么？怎么种……

园区以市场为导向，通过招商引资，成功引进理塘县玛吉阿米农业开发有限公司、理塘县康藏阳光农牧业科技开发有限责任公司等经营主体，培育了木拉镇马岩村的香菇木耳种植、藏坝乡的集体牦牛养殖以及理塘县汉戈花村旅游服务有限公司等一批带动力强的村级专合组织、集体资产经营管理公司，解决了谁来种的问题。

经过研究，园区从最简单、最直接、老百姓最熟悉的产业入手，如小番茄、白萝卜、马铃薯等，将“绿色蔬菜”确定为主导产业，不断带动当地农牧民增收致富。

园区还依托院（校）县战略合作协议，聘请四川农业大学、四川省农业科学院、四川省畜牧科学研究院专家30余人，组成技术创新服务团队，集成创新一批种养循环、有机农业、农机装备、冷链物流、精深加工、农旅融合等现代农业新技术、新设备、新工艺、新产品10多项。

一系列难题破解之后，高原上光照足、温差大、土壤无污染、水质好等优势得以充分发挥，产出的果蔬甜度高、外形饱满、水分充足、口感好，一经推出即受到市场欢迎。

2018年，珠海市财政拨款400万元，用于支持理塘县冷链物流产业项目。2019年4月23日，首批冷链车徐徐开进珠海，这批牦牛肉、藏香猪、藏药材、香菇、小番茄等农特产品，为理塘带来30多万元收入。

自此，冷链物流连接起理塘与珠海的“前店后厂”，为珠海市民体验高原农特产品打开了一扇窗，也为高原群众脱贫拓宽了道路。

据统计，园区覆盖甲洼、濯桑、藏坝3个乡（镇）24个村1 668户7 588人，其中贫困户728户、贫困人口3 161人。园区不仅通过采用“园区＋公司＋基地＋农户”的产业模式，让附近的老百姓有了稳定的土地流转收益和务工收益，还通过采用“飞地”模式，接受远处的贫困村以扶贫资金入股蔬菜大棚，每年分红。

3年前，园区面向附近村庄的贫困户招募工人，年轻小伙儿珍它第一时间就报了名。珍它从做杂工开始，后来参加了园区的农业技术培训班，学会了拖拉机驾驶、保养、检修等技能，月收入五六千元。他说：“我想踏踏实实地在这里干下去，用双手创造更美好的生活。”

目前，濯桑现代农业园区已建成“极地果蔬”生产基地9 200亩。数据显示，濯桑现代农业园区年总产值约3亿元，区域品牌和特色产业带已初步形成。

第四届四川村长论坛开幕 “2020四川名村”50强出炉

刊播：《四川日报》（2020年10月23日）
作者：史晓露

10月22日，第四届四川村长论坛暨村社发展大会在宜宾市长宁县竹海镇永江村开幕，会上发布了“2020四川名村”50强、10个农村疫情防控先进村和10名“四川杰出村官”。四川省委常委、省直机关工委书记曲木史哈出席开幕式并致辞。

会议指出，当前乡村治理面临新的形势，乡镇行政区划和村级建制调整改革对乡村治理工作提出了新的更高要求。推进乡村治理能力建设，关键在抓好落实，重点在鼓励基层大胆实践、勇于创新，因地制宜探索乡村治理的有效实现形式。要重点推进农村基层党组织建设、构建“三治”融合的治理机制、抓好村级集体经济组织发展、提升乡村为民服务能力、推进移风易俗培育文明乡风、改善农村营商环境六大重点任务，走中国特色社会主义乡村善治之路，不断增强广大农民的获得感、幸福感、安全感。

四川村长论坛是全国首个省级层面聚焦村级发展的重要平台，也是全省“三农”领域特别是农村基层干部相互学习交流的重要载体。本届论坛以“村社改革发展和治理能力建设”为主题，来自省内外的“三农”专家学者，浙江、重庆等地的全国名村负责人，乡村治理示范村村干部代表等进行了经验交流。

开幕式上，成都崇州市观胜镇联义村等50个“2020四川名村”获得授牌。

以现代农业园区建设为重点　推进农业农村现代化

刊播：四川广播电视台公共·乡村频道《乡村会客厅》（2020年10月）

【主持人】

各位观众，大家下午好。欢迎大家来到四川广播电视台公共·乡村频道《乡村会客厅》，我是主持人李喆。我现在所在的位置是位于成都市新津区的中国天府农业博览园，在我身旁，晚稻、小米、晚葵都丰收在即，此情此景，让我想起那句话——“农业强、农村美、农民富”。为了实现这个目标，在8月召开的全省现代农业园区建设现场会上，四川省委提出：农业多贡献，要以现代农业园区建设为重点，加快实现四川由农业大省向农业强省跨越。距离现场会召开已经过去近1个月了，各地是怎么贯彻落实的？发生了怎样的变化？今天我们为您推出《以现代农业园区建设为重点　推进农业园区现代化》特别节目，让我们在稻花香里共话现代农业的发展。

【主持人】

谢谢大家的掌声。首先介绍一下今天到场的各位领导和嘉宾，他们是四川农业农村厅党组成员、副厅长杨波，广元市委常委、宣传部长、副市长杨浩，四川省农业科学院副院长任光俊，内江市农业农村局局长黎兆武，南部县委副书记、代理县长尹成平。

开篇：高质量、高标准，园区建设明路径

【主持人】

今天我们5位嘉宾将会从不同的角度来解读四川省现代农业园区的建设。首先我想问一下杨波副厅长，当前这个阶段，四川省委召开了全省现代农业

园区建设现场会，这个会议的意义是什么？传递出哪些新信号？

【杨波】

我认为，这次全省现代农业园区建设现场会有3个方面意义。

第一，在疫情防控常态化的大背景下，加快建设现代农业园区是抓“六保”、促“六稳”、做好“三农”工作的重要支撑。建设现代农业园区，关系到老百姓的“米袋子”“菜篮子”和老乡们的“腰包”，也关系到物价稳定和社会稳定。

第二，在“四化”同步发展的大格局下，加快现代农业园区建设是推动农业现代化、实现高质量发展的关键之举。“四化”同步的短板是农业农村，建设园区就是为努力补短板。

第三，在实施乡村振兴战略新形势下，加快现代农业园区建设是破解城乡二元结构、促进城乡融合发展的必然要求，是推进农业农村现代化的重要抓手。园区一头连着农业、农村，一头连着工业、服务业和城镇，城乡融合发展，园区是最好的载体。抓园区建设可以推动现代农业技术、农业产业发展，改善农民生活方式，增加农民收入，逐步缩小农业农村和城市的差距。

我对新信号的理解有两层。一是传递出省委、省政府对现代农业园区建设的高度重视，要通过园区建设实现“农业多贡献”；二是园区建设是农业农村现代化的重要抓手，各级党委和政府要真抓、实抓，抓出成效。

【主持人】

好的，谢谢杨波副厅长。我注意到这次现场会上提到了当前四川省现代农业园区建设的态势，那就是“整体成势、能级提升”，我想请问怎么理解这句话呢？整体怎么成势，能级又如何提升呢？

【杨波】

谢谢主持人。“整体成势”是对这几年园区建设成效的重要判断，有3个方面可以证明这个判断。一是经过近几年的努力，全省上下对抓农业园区建设已经形成共识，充分认识到园区建设是推动乡村振兴的重要抓手，是实现农业农村现代化的重要基础。彭清华书记也为我们作了4个方面界定：现代农业园区是农村改革的试验田、农业技术的推广站、优质农产品品牌的孵化器、现代农业的样板区。二是从中央到省上，我们出台了一系列支持园区建设的政策措施，包括园区的创建标准、认定办法、奖补政策等。这套政策体系正日趋完善，工作推进机制已然形成，大家工作都有参考、有标准、有目标。三是通过这些年的努力，全省创建了一大批各级各类园区。其中有国家级园区、省级星级园区、省级培育园区，包括这次现场会组织参观的18个园区。这些成功园区已经成为样板区，有很好的工作经验和措施供大家参考。综上，我们觉得园区建设已经形成一种势头，所以叫整体成势。

"能级提升"是对未来园区创建的要求。一是要抓住和利用好脱贫攻坚成果。农业农村生产生活条件大幅提升改善，如农业灌溉、交通等为园区建设奠定了基础。二是要抓住全省乡镇区划和村级建制调整前半篇任务基本完成的机遇，一大批主业相近、产业相关、优势互补的镇村实现优化整合，有利于产业集中连片，适度规模发展。三是农业农村改革特别是土地"三权"分置改革的持续深化，为土地流转、适度规模化经营提供了政策保证。四是落实成渝地区双城经济圈建设国家战略，将会在川渝地区布局一批现代高效特色农业带。这个是国家战略，政策支持力度很强。这些条件的创造，加上成熟的技术、成熟的政策，我们再加油努力，我们相信四川的园区今后在园区规模、主体培育、加工能力、利益联结以及农产品质量安全5个方面都会有大幅提升，所以我们叫能级提升。

【主持人】

谢谢杨波副厅长。如您所说，目前园区建设势头非常好，氛围好，政策好，我们基础也好，样板又多。接下来我们现代农业园区建设就是要乘势而为。

这次现场会还提出高质量高标准建设现代农业园区，并给了6个方向，那就是要建设绿色园区、特色园区、高效园区、活力园区、智慧园区和开放园区。我们怎么往这6个方向发展，怎么建设呢？我们还是请杨波副厅长和光俊副院长来分享园区建设的干货。

【杨波】

好的。全省现代农业园区建设现场会，实际上是贯彻习近平总书记来川视察重要指示精神。当时，总书记要求四川深入推进农业供给侧结构性改革，念好"优、绿、特、强、新、实"六字经，促进农村一、二、三产业融合发展，擦亮四川农业大省金字招牌。这次会上提出从6个方面来建设我们的园区，它与念好六字经是统一的。具体来讲，要抓好6个方面的工作。

第一，做强产业基地。四川山多、丘陵多，各地要依山就势，打破行政区划界限，科学引导园区土地适度集中，推动产业集聚发展。

第二，做响农业品牌。按照名、特、优的思路，选准一两个主导产业，集中资源培育壮大，提高农产品的质量和“川字号”品牌影响力。

第三，做好精深加工。在提升产地初加工水平的同时，引进加工型龙头企业，发展和培育精深加工和冷链物流。

第四，做实经营主体。从多数地方的成功实践看，必须处理好龙头企业、合作社和农户三大基本构成主体的关系，通过利益联结机制，充分调动各方面积极性，形成强大合力。

第五，要做优服务支撑。强化和科研院所的对接，联合组建技术创新团队、服务团队，借助市场化服务主体，加大农业新装备、新技术的运用。

第六，做好融合文章。推动园区和园区的融合，促进三产融合、做深产村融合，特别是要完善和提升利益联结机制，要让企业和农民都得到实惠。

【主持人】

光俊副院长，刚才杨波副厅长说到科技支撑，这方面您是专家。您能介绍一下园区的科技支撑是如何实现的吗？

【任光俊】

刚才杨厅长说了，园区一定要有科技支撑，这是基础性的东西。我个人理解，智慧园区其实是指育种、种植、管理、收割等全程智能化、信息化，而这肯定离不开科技的支撑。农业科技支撑的目的和方向，说到底就是要支撑农业实现由量到质的转变，要创新农业技术体系和技术路线，为农业插上科技的翅膀。

所以，建设现代农业园区要靠创新驱动，关键是要构建现代农业园区科技支撑体系。我有3点建议：

首先，我认为还是强化农业科技创新。良种、良法、良制、良田、良机这“五良”，背后都有科技进步的影子。那农业科技创新有哪些好处？核心是保障农产品有效供给，提高土地产出率、劳动生产率和经济效益，并且保障生产安全、保证绿色发展。四川省农业科学院在“十三五”以来取得了109多项重大科技成果，其中，小麦精量露播稻草覆盖免耕技术，比传统技术增产15%，节本25%，省工29%以上。大家想想看，如果我们的园区都有这些好的技术和品种，是不是如虎添翼呢？

其次，是构建多元化的示范转化体系。这里面包括了四个层面，分别是推进规模化种植、多种示范转化新机制新模式、新的技术和模式推广方式、科技人员参与园区建设机制。

最后，是加快智慧园区数字驱动应用。以即将出台的现代农业园区数字农业技术规范为依托，强化智慧园区数字驱动，深化场景应用，大力推进以物联网、大数据、云计算、人工智能等新一代信息技术与园区产业深度融合，在大田种植、设施园艺、畜禽养殖、水产养殖、农产品加工等现代农业园区主导场景中推进数字技术的产业化应用，以点带面，以应用场景“驱动”智慧农业产业化，形成产业集聚集群，全面提升全省智慧农业发展水平。

【主持人】

谢谢。有了科技的助力，我们园区汇聚的不仅是高科技农产品，也将带来体制和机制的创新，让我们农业生产方式实现华丽蝶变。

实际上在高质量高标准建设现代农业园区方面，四川省早有谋划，今天在场的来自市县的3位嘉宾，杨部长、黎局长和尹县长，你们是非常有发言权的。我想问一下，在市县层面我们怎么来贯彻落实此次会议精神？有哪些重点呢？首先请杨部长说说。

【杨浩】

刚才杨波副厅长的发言让我深受启发，很有同感。在此基础上，我再补充两点。我认为省委之所以把现代农业园区建设作为全省“三农”工作的重大部署、重要抓手加以推进，还有两个原因。第一，习近平总书记来川视察时强调，要着力实施乡村振兴战略，把四川农业大省这块金字招牌擦亮。省委、省政府大力推进现代农业园区建设，就是落实习近平总书记重要指示要求的具体实践。第二，面对新冠肺炎疫情影响及经济下行压力的重大考验，省委、省政府明确提出了“农业多贡献”的重大战略部署。农业怎么才能多做贡献，我个人认为推进现代农业园区建设就是一个有力的抓手。

广元作为典型的山区农业市，“三农”工作在全市发展中始终处于基础性、战略性、全局性的重要地位。市委、市政府高度重视现代农业发展工作，2008年在全省率先启动现代农业园区建设，经过10多年的努力，已建成市级现代农业园区107个。2018年，省委、省政府作出加强现代农业园区建设的决定，对广元的现代农业园区建设提出了新的更高要求。在全省现代农业园区建设现场会召开后，市委常委会、市政府常务会赓即进行传达学习，并将于9月26—27日召开全市现代农业园区现场推进会，再次进行安排部署。下一步，我们将坚持以现代农业园区建设为抓手，大力培育壮大园区经营主体，做好融合发展大文章，完善联农带农机制，建好活力园区和开放园区，走出一条适应山区现代农业园区发展的新路子。

在建设活力园区方面，主要是解决如何发展壮大园区主体的问题。在园区的建设上，如果单纯依靠小农户分散地搞建设，就会缺乏规模和带动力。下一步，我们将在新型经营主体培育上下功夫，真正把龙头企业、农民合作社和家庭农场做强、做优、做大。具体来讲，主要是做好以下4件事情：第一，要加大对现有产业化龙头企业的扶持力度，全力以赴搞好协调服务，帮助他们进一步做强、做优、做大，让他们带着更多的农民、更多的小农户进入农业大生产、大市场。第二，要加紧培育壮大一批家庭农场和农民合作社，通过他们把小农户和龙头企业有机衔接起来，才能更好地衔接生产和市场。第三，要扶持发展一批农业社会化服务组织，为小农户、家庭农场、专业合作社以及龙头企业提供农资统购、防虫治病、机械化作业、网上销售等方面的“一站式”综合服务。第四，要建立更紧密的利益联结机制，让农户、贫困农民参与到生产环节中去，变身成为股东、务工者，让大家都有钱可赚，真正把现代农业产业园、“一村一品”特色产业园、增收脱贫自强园做成“致富园”。

在建设开放园区方面，主要是解决如何实现融合发展的问题。第一，要延长农业产业链条。农业生产如果仅满足生产端，比较效益就很低。农业生产环节投入大，投入和收益往往不成正比，容易挫伤农民生产积极性。要解决好这个问题，就必须延长产业链条。尤其要突出抓好“种养+”，做大农产品加工，在延长产业链的同时，解决好农产品的卖难问题。第二，要推进一、二、三产业融合，尤其是加快农文旅融合，依托园区建景区，大力发展乡村民俗、农业休闲旅游、生态康养等新产业、新业态，让产业园变公园，提高园区的综合效益。第三，要扩大资金投入途径。农业是弱质产业，需要大量的资金投入，仅仅依靠财政和群众投入是远远不够的。这些年各级党委、政府非常支持农业农村工作，出台了一系列强农惠农政策，但与实际需求相比还有较大差距。要想实现农村更美、农民更富、农业更强，还需要我们广大的城市资本进入农村、投资农业。这就要求我们制定政策措施、优化服务环境，吸引更多的城市资本进入农村，让更多的大学生、农民工、企业家愿意返乡创业，在农村这片广阔的舞台上展示他们的才华，书写新时代的人生华章。

【主持人】

谢谢杨部长。我在广元采访的时候，也遇到很多新型经营主体，有些故事非常感人。比如说，有的人举家到北京打工，十几二十年后，他们都返乡创业了。我问为什么，他们说首先是热爱自己的家乡。其次是现在的环境不一样了，家乡的政策条件太好了。就是您刚才说的建设活力园区、开放园区给广元这片土地带来了新的发展机遇。黎局长，广元是有活力的和开放的，内江又是怎样的呢？

【黎兆武】

全省现代农业园区建设现场会召开后，内江赓即召开市委常委会等重要会议进行传达学习，认真贯彻习近平总书记关于“三农”工作的重要论述，全面落实省委、省政府决策部署，研究提出了党建引领在园区、规划发展在园区、产业布局在园区等12条措施。

目前，内江建成农业园区150个，面积达114万亩，其中国家级1个、省级2个、市级9个、县级20个。

我们坚持绿色发展理念，建基地、搞加工、创品牌、促融合，推动现代农业园区提档升级，构建具有内江特色的现代农业产业体系。突出抓好四大特色产业。一是建设100亿内江黑猪产业，打响“中国黑猪（内江黑猪）之乡”品牌；二是建设100亿血橙产业，打响“中国血橙之乡”品牌；三是建设100亿特色水产产业，打响“中国鲇鱼之乡”品牌；四是建设20亿无花果产业，打响“中国无花果之乡”品牌。我们内江将集中精力打造这4个特色产业集群，为推动全省由传统农业向现代农业跃升提供内江的动力。

【主持人】

谢谢，我们内江打出的牌是特色和绿色，而且种类还挺多的。接下来，我想知道南部县在现代农业园区建设中是怎么做的？重点是什么？

【尹成平】

好的，谢谢主持人。南部是百万人口大县、农业大县，也是国家级贫困县。我县的现代农业园区作为全省现代农业园区建设现场会的点位之一，非常有幸地接受了全省检验。会后，我们围绕清华书记关于建设“六个园区”和创新“四大机制”的讲话要求，着力在巩固扩大规模、持续强化科技支撑、争创知名品牌、强化园区管护、培育新型主体等方面持续发力，重点推进“智慧园区”和“高效园区”的建设。

一方面，突出现代装备支撑的优势，持续建设“智慧园区”。近年来，遵照省委建设现代农业“10+3”产业体系和市委建设现代农业“5+5”产业体系的要求，我们先后建成了晚熟柑橘等农业园区25万亩。在建设初期，我们面临园区用水困难、产业管护困难、品质提升困难等问题。为了破解这些问题，我们公开招引新疆天业节水集团，合作共建“水肥一体化”智慧管理系统，全面解决了这些问题，推动园区实现高质量的发展。下一步，我们将深入推广这些现代装备、现代技术，把南部的产业基地全部建成智慧园区。

另一方面，聚焦补齐产业链条的短板，建设“高效园区”。一是精深加工。这是目前较为突出的短板，我们打算抢抓成渝地区双城经济圈建设带来的机遇，做好补链、沿链招商，争取到2022年，农产品加工率达到80%以上。二是冷链物流。通过测算，到2022年，全县晚熟柑橘全部投产后，年产量将达到7.5亿斤。所以，我们必须提早做好水果冻库等的规划建设，进一步完善冷链物流体系。三是市场营销。目前的短板主要是网络销售，去年年底网络销售量仅占总销售量的15%左右。下一步，我们将重点发力，通过农村淘宝等电商平台，引导更多业主和农户入驻，实现线上和线下多渠道销售，解决农产品滞销的问题。

中篇：破瓶颈、解难题，完善机制强载体

【主持人】

谢谢尹县长，谢谢各位嘉宾的分享。今天还有很多村干部代表和村民代表来到现场，他们有很多问题想问问我们在座的嘉宾，有请。

【观众】

我是新津区兴义镇广滩村党委书记段宁海，我想请问杨波副厅长、杨部长和尹县长，园区建设和“10+3”产业体系、乡村振兴战略是什么关系？怎

么衔接到一起?

【主持人】

这个问题首先请杨波副厅长来回答。

【杨波】

谢谢这位支部书记。你刚才提到的这些问题都是我们基层干部经常面对的，要给群众解答的问题。

乡村振兴战略是党的十九大提出的乡村大战略。按照乡村振兴的要求，到2035年，基本实现农业农村现代化；到2050年，农业强、农村美、农民富全面实现，基本达到中等发达国家的水平。乡村振兴战略也提出了“产业兴旺、生态宜居、乡风文明、治理有效、生活富裕”5项任务，这是我们做好新时代“三农”工作的总抓手。“10+3”是根据四川农业产业特点谋划的10个重点产业。这些都要落实在田野上，布局在农村发展条件最好、产业水平和科技水平最高的地方，园区就是布局现代农业“10+3”产业体系、实施乡村振兴战略的重要平台和载体。2018年以来，四川把乡村振兴战略和现代农业“10+3”产业体系布局规划统一到现代农业园区建设上来，实现“一张蓝图”绘到底。

【主持人】

谢谢杨波副厅长，非常清晰地为我们介绍了这三者之间的关系。杨部长，结合广元的实际，您是怎么看待乡村振兴中的园区建设以及“10+3”布局的呢?

【杨浩】

实际上刚才我们这位书记提出一个很好的问题。你在思考，我们基层工作的同志也在思考。我觉得园区建设和“10+3”产业体系、乡村振兴战略之间的关系主要体现在以下两个方面：

一方面，现代农业园区是聚集智力创新要素、推动产业融合发展、实现农业现代化的重要载体，抓住产业园，就牵住了乡村产业振兴的“牛鼻子”。在全省现代农业园区建设现场会上，彭清华书记明确提出现代农业园区是农村改革的试验田、农业技术的推广站、优质农产品品牌的孵化器、现代农业的样板区。这为我们进一步抓好现代农业园区建设工作廓清了理念、明确了要求、提供了遵循、指明了方向。第一，要强化主导产业的发展，加快构建

“一区两带七集群”发展格局，基本建成以利州区为核心的“一个现代都市农业示范区”，以大蜀道、嘉陵江为主线的“两大乡村产业融合发展带”，以广元富硒茶、苍溪红心猕猴桃、朝天核桃、道地中药材、广元山地蔬菜（山珍）、生态生猪、剑门关土鸡为重点的“七大百亿特色农业产业集群”，实现园园相通成带、产业相连成片，真正把农业园区建设成主导产业的集聚区。第二，要坚持打绿色牌、走有机路，抢抓用好成渝地区双城经济圈建设战略机遇，巩固提升全国农产品质量安全市创建成果，深化全国有机产品认证示范市创建，大力发展绿色有机农产品，把广元建设成成渝地区绿色产品供给地。第三，要突出农业科技支撑，为每个百亿产业集群建1个产业技术研究院，为每个园区建1个院士（专家）工作站（大院），为每个乡（镇）、村建1个农业技术推广服务站点，为每个主导产业建1个良种繁育推广基地，打造“一业一院、一园一站”。第四，要着力推进产村融合。广元大山大水大森林、好山好水好生态的特质明显，全市森林覆盖率57.2%，城区空气质量优良天数占比常年保持在95%以上，近3年PM2.5平均值为25，嘉陵江出境断面水质达国家Ⅱ类标准，白龙江水质达国家Ⅰ类标准。已建成国家AAAAA级旅游景区1个、AAAA级旅游景区21个，依托现代农业园区建成旅游景区近20个，是中国优秀旅游城市、国家森林城市、国家园林城市、国家卫生城市，目前正加快建设成渝地区生态康养“后花园”、中国生态康养旅游名市。借此机会，真诚邀请成都的朋友们多到广元走一走、看一看，共同领略美丽的田园风光，品尝绿色有机的农产品。

另一方面，产业兴旺是乡村振兴的重要基础，是解决农村一切问题的前提。没有稳固的产业，村民就没有稳定的收入，振兴也就无从谈起。去年10月，省委、省政府专门召开建设现代农业“10＋3”产业体系推进会议，明确提出加快构建现代农业“10+3”产业体系，这既是根据全省农业产业发展作出的战略选择，更是为了发挥比较优势，擦亮四川农业大省这块金字招牌，促进农民稳定增收，加快乡村振兴发展作出的战略决策。我们结合广元农业产业发展实际，提出加快构建现代特色农业“7+3”产业体系、推进特色农业强市建设的目标。具体来讲，第一，大力发展广元富硒茶。千年古城孕茶香，好山好水出好茶。广元地处秦岭南侧，是南北气候的过渡带，大山大水特征明显，生态环境良好，是发展名优、高香、有机茶叶的最佳区域。

全市建设茶园总面积近50万亩，茶年产量超1.5万吨，是全国最大的标准化黄茶生产基地，茶产业已成为全市助农增收的主导产业。第二，大力发展苍溪红心猕猴桃。已建成种植基地49万亩，被列为全省农业十大“川字号”特色产业之一。广元是世界红心猕猴桃原产地、全省最大的红心猕猴桃生产基地。第三，大力发展朝天核桃。全市种植核桃200万亩，朝天区核桃产量连续14年位列全省第1。广元市朝天核桃产区入选中国特色农产品优势区。第四，大力发展道地中药材。立足丰富的中药材资源优势，大力发展“广元十味”，着力打造川陕甘区域中心中药材集散地和“秦巴药都”。第五，大力发展山地蔬菜和山珍。利用山地和林地资源，全力推进山地蔬菜和山珍产业发展，全市蔬菜和山珍年种植面积达到104万亩，年产量278万吨，成功创建全国首个生食蔬菜区域公用品牌——“曾家山·露地好菜”。第六，大力发展广元油橄榄。广元市油橄榄种植面积达到16万亩，位居全国第2位。第七，大力发展生态畜禽水产。剑门关土鸡坚持林下放养、原粮饲喂，风味鲜美、绿色健康，深受广大消费者青睐；推进生猪养殖，我们在省上下达的年出栏300万头任务基础上自加压力，提出年出栏360万头的目标任务。市委、市政府还提出：到2022年，全市七大优势特色产业综合产值达到850亿元左右，第一产业增加值达到140亿元左右，农村居民人均可支配收入达到17 000元左右。真正通过发展壮大农业特色产业，让老百姓的腰包鼓起来、生活好起来，真正实现“生活富裕”这一根本目标。

【主持人】

对于这样的回答，我们的村党委书记说他非常满意，我也非常佩服，我觉得广元确实在沿着乡村振兴的路径发展，真正造福了百姓，增收致富的园区也是我们的样板区、试验田。我听说南部县也有自己的“六字经”，请尹县长给我们分享一下。

【尹成平】

乡村振兴，产业是基础；产业发展，现代园区是关键。所以我们按照省委要求，持续念好“六字经”，紧紧抓住现代农业园区这个“牛鼻子”。

在“优”的方面，我们将进一步做好高标准农田建设、现代水利设施完善、园区信息化程度提升等，建好特色优质农产品基地。

在“绿”的方面，我们将持续推广绿色防控技术、新型肥料，深入推进农村人居环境整治“三大革命”，大力发展绿色农业和循环农业。

在“特”的方面，我们将围绕晚熟柑橘等特色优势产业，打响老品牌，培育新品牌，构建区域公用品牌，不断提升南部农特产品的市场知名度和美誉度。

在“强”的方面，不断延伸产业链、提升价值链，让初加工的生产线走进基地，让精深加工的好产品走向市场。

在“新”的方面，充分发挥升钟湖休闲康养胜地、八尔湖乡村旅游等文旅资源优势，做好“产业”和“旅游”的加法。

在“实”的方面，我们将认真贯彻落实省委“园长制”等要求，构建好建设、管理、运营等责任体系，坚决确保省委各项部署落地落细，推动园区实现高质量发展。

【主持人】

谢谢。尹县长讲得非常好，可以说，这“六字经”就是我们南部县百姓的致富经。刚才在各位嘉宾的解读中，我听到了两个字，那就是结合，结合乡村振兴发展路径，结合自身特色，最终形成现代农业园区发展之路。说到结合二字，目前有一个概念非常火，那就是成渝地区双城经济圈建设。请问杨波副厅长、光俊副院长、黎局长，在全面推进成渝地区双城经济圈建设的战略背景下，四川现代农业园区建设要怎样融入和结合？

【杨波】

谢谢主持人。成渝地区双城经济圈建设是习近平总书记亲自谋划、亲自部署、亲自推动的重大区域发展战略，是继长三角、粤港澳大湾区、京津冀之后，中国经济发展的“第四极”。成渝两地历史渊源深厚，地理相邻、气候相近，发展高效特色农业产业带有基础、有条件，两省市农业农村部门非常重视，前期开展了很多基础性研究工作，并向国家提出了十大建议，也将其转化为十大项目。比如，建设国家优质高产高效粮油保障基地、打造国家优质商品猪战略保障基地、建设国家都市现代高效特色农业示范区、共建长江上游柑橘（柠檬）产业带、共建全国优质道地中药材产业带等。目前十大建议已被纳入国家规划纲要，战略牵引力、政策推动力和发展支撑力前所未有。今后，两省市将成立由双方主要领导任组长的工作组，建立相关执行机制、协商机制，将工作一项一项地落到实处去。

【任光俊】

刚才杨波副厅长讲得非常好，两省市在成渝现代高效特色农业带建设过程中明确提出了十大措施。四川省农业科学院有责任加强科技创新，提供更多更好的科技产品。我个人认为，主要抓好4个方面。一是建设全国农业科技创新中心西南高地，以种业为着力点，建设种子资源中心库西南平台。二是加快重大品种培育工作，为优质农产品供给以及农业发展提供良好基础。三是着力研究和推广高效的农业技术，实现机械化、信息化作业，有效节约生产成本，提高土地产出率和劳动生产率，提升经济效益和生产效益。四是在田间种植、畜禽水产养殖、农产品加工等农业生产场景中，大力推进现代农业数字技术应用，促进传统农业向现代农业转型升级，提高农业的质量和效益。

【主持人】

好，谢谢杨波副厅长和光俊副院长。我们看到，谈到这个话题时，黎局长非常兴奋，因为我们内江位于成渝地区双城经济圈中间地带，有区位优势，在成渝地区双城经济圈的发展中可能会拔得头筹，或者说发展空间更大。请黎局长也谈谈。

【黎兆武】

好的，主持人。内江在成渝地区经济版图中具有重要地位，区位优势突出，处于成都、重庆两个特大城市中间，位于成渝主轴线上，属于川渝毗邻地区，在全面推进成渝地区双城经济圈建设的战略背景下，在建设成渝现代高效特色农业带的布局中，我们着力在“三联”上狠下功夫。

一是联合毗邻，共建农高区。借力成都“东进”、重庆“西扩”，内江与重庆荣昌携手共建国家农业高新技术产业示范区，这已纳入四川省和重庆市九大合作平台之一，建成后将辐射带动千亿级示范区。

二是联动市域，构建产业带。坚持“一盘棋、一条心、一股劲”，从全局谋划一域，以一域服务全局，着力建设优质粮油、内江黑猪、沱江柑橘、无花果、稻渔综合种养5条特色产业带，做大农业总量，提高发展质量，提升全局分量。

三是联通双城，合建新平台。依托国家农业科技园区，加强与中国农业大学、四川农业大学、西南大学等10余所院校的深度合作，建设匡廷云院士工作站、医学实验用猪等创新平台，促进产学研深度融合，做强农业“芯片”，建设成渝现代农业创新融合示范市。

【主持人】

非常期待我们内江农业的大手笔，我们也期待内江农业能取得非常可喜的收获。机遇和困难永远是并行的，只有不断改革创新，才能不断突破发展瓶颈。请问杨部长、黎局长和尹县长，改革对园区建设有哪些推动作用？市、县两级怎样深化改革？

【杨浩】

深化农村改革的根本目的是释放农村发展的活力，也是实现现代农业园区可持续发展的根本保证。近年来，广元深入贯彻落实习近平总书记关于“三农”工作的重要论述，坚持政府引导、市场主导两手发力，着力创新农业园区建设体制机制，不断增强园区建设活力，建成国家现代农业产业园1个、省级星级园区3个，发展优势特色产业基地480万亩，惠及170万农村人口。主要有以下几点做法：

第一，从工作推进层面讲，主要有4个抓手。一是坚持“四级同建”，完善园区发展体系。主要是坚持国家现代农业产业园、省级星级现代农业园区、市等级现代农业园区、县级现代农业园区“四级同建”。二是坚持“三园联动”，壮大园区产业基地。主要是通过县建现代农业园区、村建“一村一品”特色产业园、户办家庭产业园（贫困户脱贫增收自强园），实现产业、科技、经营互动，利益共享共联。截至目前，累计建成万亩现代农业园区107个、“一村一品”特色产业园2 548个、家庭产业园21.7万个。三是创新联农带农机制。大力推行订单式、托管式、股份式模式，全面推广保土地租金、保贫困户就业、保产品订单收购等“四保四分红”利益模式，构建经营主体与小农户利益紧密联结机制，带动19.1万人脱贫，受到胡春华副总理肯定。四是健全完善风险防范机制，突出抓好政策性农业保险工作，着力提升农业抗风险能力。

第二，从体制机制层面讲，主要有4点创新。一是大力实施“五大到乡工程”，在资金项目、税收减免、待遇补贴、职业培训等方面给予支持，鼓励、吸引、支持城市居民、优秀人才、企业家、成功人士和社会团体到乡进村发展产业。二是深化农村集体产权制度改革，深化“三权”分置放活经营权，全面推行股份合作、托管经营、订单生产、代养代种等经营方式，推进适度规模化经营。三是深化农村集体经济制度改革，完成农村集体资产清产核资工作，进一步盘活“沉睡”资产，壮大村级集体经济，增加农民收入。四是创新园区管理机制，建立园区大党委和市（县）园区办、园区服务中心，制定农业园区管理办法，由党政主要负责同志担任“园长”、分管负责同志担任“值班园长”，统筹推进园区规划建设和管理运营。

【主持人】

谢谢杨部长。黎局长，请问内江改革的方向又是哪些？

【黎兆武】

好的，主持人。我们坚持从农业农村改革中激发新动能，通过探索农民退出承包地换现金、换股份、换社保“三换”方式等，向“流转”要规模种养空间；通过创新集体建设用地利用试点，向“入市”要建设用地空间；通过探索宅基地“三权”分置，向“宅改”要存量用地空间。我们在盘活“三块地”的基础上，着力用好“三捆钱”，集中投向现代农业园区建设。

第一捆钱，“政府的钱”。发挥好财政资金四两拨千斤的作用，建立项目打捆机制，整合涉农项目，集中资金办大事。今年投入现代农业园区项目资金近20亿元。

第二捆钱，“银行的钱”。建立近5亿元的现代农业发展“资金池”，探索“政、银、担、保、企”五方联动机制，引导银行加大涉农贷款投放力度。截至8月底，全市涉农贷款达到512亿元。

第三捆钱，“社会的钱”。推动城市资金和工商资本“下乡”，积极参与乡村振兴各项事业。比如，我们打包内江市沱江流域水环境综合治理、城乡垃圾处理2个PPP项目（政府和社会资本合作项目），投资86亿元，建成“美丽内江·宜居乡村”达标村545个。

【主持人】

谢谢黎局长，可以说“三块地”“三捆钱”解决了很多现实中的问题。尹县长，请问南部县深化改革有哪些新举措？请分享一下。

【尹成平】

南部在产业园区的建设经营管理上进行了一些探索，主要有3个方面。第一个方面，我们建立了“五方联盟”机制。即“龙头企业+专合组织+群众＋金融＋保险”，解决了现代农业园区发展合力的问题。第二个方面，我们建立了“三园共建”模式。对有劳动力、有技术、有资金的农户，鼓励向企业、合作社返租果园，建立“创业园”；对有一定劳动能力，但无资金、无技术的农户，推荐进入“就业园”；对丧失劳动能力，又无资金、无技术的特殊困难户，由政府引导龙头企业、专合组织和业主，与其建立“托管园”，最大化解决了现代农业园区建设过程中农户的利益保障和利益分成的问题。第三个方面，我们建立了“国资提成”模式。对国家项目投入的塘、渠、池等集体资产，村集体以股金投入园区，增加村集体经济收入。以东坝镇打鼓山村为例，每年村集体经济收入可以达到10万元。

【主持人】

感谢3位嘉宾的精彩解读，我们上了一堂非常生动的现代农业园区建设发展课，现场的观众也听得津津有味。不知道他们是否有问题请我们的嘉宾解答，有请。

【观众】

各位嘉宾下午好，我来自天府农业博览园，我是新津区安西镇安西村党委书记曹卓根。我想请杨波副厅长和尹县长给我们介绍一下现代农业园区的建设、管理、运营机制？谢谢。

【杨波】

你提的这个问题，实际上也是你们在工作中肯定会存在和遇到的问题。但我想说的是，这个问题没有标准答案。不同的园区产业不一样、目的不一样，园区管理与运行机制就会有所不同，用一句话来说就是因地制宜，但是发展较好的园区都有4个共同点。

第一，有好的组织管理体系。一是领导重视。园区建设涉及的问题很多，没有主要领导的重视，工作是推不动的，或者是推不好的。去年省里出台了文件，要求县级层面执行“园长制”，要求县委书记、县长担任“园长”，分管负责同志担任“执行园长”。“园长”和“执行园长”们要做的，是进行园区日常管理、协调解决各类重大问题。二是组织有序。目前全省的各类园区都有不同的工作机制，有的叫园区推进办，有的叫园区管委会；有的地方是正县级，有的地方是正科级，虽然级别和机制都不太一样，但一定要有一个好的工作班子。三是协调有力。园区作为独立的主体，在建设过程中要处理好与农业农村部门、科技部门等主管单位的关系，就要建立一个好的协调机制，协调各方力量共同完成园区建设任务。

第二，有好的利益联结机制。园区既要看规模、看效益，更要看能否给农民带来实实在在的好处，不能富了老板、亏了老乡。园区必须研究一套让龙头企业、专业合作社和农民相互得利的联结机制。

第三，有好的要素投入保障机制。建设农业园区，除了基础设施投入、农业生产投入外，还要有很多其他投入。如果没有好的投入机制，仅凭园区自身能力是很难做好的。要充分发挥好财政资金引导作用，建立以政府投资为主导，企业、科研院所、社会个人共同参与的多元投入机制。

第四，有好的人才振兴机制。当前，市（县）园区农业技术人才相对不足，缺口非常大。一方面要加强与农业科研院所合作，以园区为平台，建立专家工作站等，把他们的人才变成园区的人才。另一方面要根据园区特点，引进更专业、更全面、有创新能力的工作团队。同时，还要注重培养本土人才，打造更多“田秀才”“土专家”，不断夯实园区建设人才支撑。

【主持人】

谢谢。杨波副厅长说园区机制没有统一的标准，也希望各个地方都有特色，南部县就特别有特色。请尹县长谈谈南部县在园区建设模式探索中的一些感悟。

【尹成平】

刚才杨厅长讲的4个共同点，对基层发展有很强的指导意义。我刚才已经介绍和汇报了一些南部的做法，在这里，我谈3点感受。第一点感受：现代农业园区的发展一定要因地制宜。农业生产讲究“天时、地利、人和”。我们发展晚熟柑橘，是经过反复调查、多方论证的，既符合产业发展的基本规律，尊重当地老百姓的种植习惯，也符合南部的实际情况，所以这个产业才有了强大的生命力。第二点感受：做强产业一定要依靠科技支撑。我们在产业发展过程中真正尝到了科技的甜头，如水肥一体化智慧管理系统帮助降低了成本、增加了效益、培育了品牌。可以说，“科技兴农”的确是推动农业高质量发展的“金钥匙”。只要充分利用好现代技术和现代装备，农业园区就一定会具有更强的生命力，农产品就一定会更具市场竞争力，业主和农户发展产业也会更具有动力。第三点感受：产业发展最终要实现富民增收。

发展产业的最终目的是带动老百姓增收致富。不能“只富老板不富老乡”。必须突出群众的主体地位，在经营机制上充分保障群众的利益，群众才有盼头、产业才更有希望。

末篇：育新机、开新局，共同开启新征程

【主持人】

我想现在很多农业园区都有一个目标，那就是争创省级星级农业园区。请问杨波副厅长，星级荣誉是不是“终身荣誉”？下一步，星级园区的评定和管理上会有哪些变化？

【杨波】

省委提出，农业园区建设要施行星级评定制度，其目的是调动各地积极性。但星级园区不是终身制，不能荣誉到手了、奖补拿到了，就万事大吉了，省上还有升降级制度，要进行动态考核。

现在的园区是中、省、市、县四级推进体系，省级园区分为星级园区和培育园区，星级园区又分为三星级、四星级、五星级园区。原则上是梯级创建、逐级晋升的关系。有些园区如果表现优异，在较短时间达到较高标准，也可以实现跳级。每一级都有相应的标准，给予的荣誉和政策支持力度也都不同，希望通过这些制度设计，让大家保持加油干、往前冲的劲头，不断提高园区的数量和质量，推动园区建设迈上新的台阶。

【主持人】

谢谢。我想目标已经很明确了，接下来就是大家只争朝夕、奋力争取了。在节目的最后，我们还想听听在各位嘉宾的心中，现代农业园区建设的前景和蓝图是怎样的呢？

【杨波】

现代农业园区建设是农业农村现代化的重要抓手，要紧抓园区建设不松动，在十四五期间还要加大力度，打破行政区划限制，通过补短板、强弱项，按照高质量发展要求，进一步扩大园区数量、提升园区质量，不断串点成线、连线成片、扩片成带、集带成面，最终实现全域覆盖。

总的来说，园区建设大有潜力、大有可为，全省各级都要迅速行动起

来，用更加饱满、更加自信的精神状态，落实现场会精神，加快园区建设。力争经过5～8年努力，实现我省现代农业综合水平显著提升，整体实力迈入全国第一方阵。

【任光俊】

我深信，在省委、省政府坚强领导下，在有关部门的精心组织和指导下，充分发挥农业科技的支撑引领作用，现代农业园区必将有力推动我省由传统农业向以移动互联网、物联网、云计算、大数据等为代表的新一代信息技术转型升级，逐步实现深度融合，走向数字化、网络化、智能化发展道路，为推动我省农业高质量发展和乡村振兴战略实施，加快推动四川由农业大省向农业强省跨越，贡献新的、更大的智慧和力量。

【杨浩】

谢谢主持人。广元将全面落实省委十一届七次全会和全省现代农业园区建设现场会议精神，抢抓实施乡村振兴发展战略和成渝地区双城经济圈建设重大机遇，坚持以农业供给侧结构性改革为主线，深耕广元“绿”资源，围绕构建广元现代特色农业“7+3”产业体系，着力构建“一区两带七集群”发展格局，在每个县（区）按照国家现代农业产业园标准规划建设1个8万亩以上的现代农业（林业）产业园，每年新建2个县级现代农业园区、创建1个市级现代农业（林业）园区，全市争创一批省级星级现代农业园区，全力推动现代特色农业高质量发展，加快建成成渝地区绿色产品供给地和现代特色农业强市，为擦亮四川农业大省金字招牌贡献广元力量。

【黎兆武】

作为成渝地区双城经济圈中的新内江，我们将持续用力、久久为功，把现代农业园区抓得更紧、更细、更实，梯次推进县级、市级、省级、国家级现代农业园区创建，奋力建设成渝绿色优质农产品生产基地。届时，农业必将成为有奔头的产业，农民必将成为有吸引力的职业，农村必将成为安居乐业的美丽家园。

【尹成平】

刚才几位领导都讲得非常精彩。在此，我作一表态：回去之后，我们将立说立行，做大做强南部晚熟柑橘，建设更多的星级园区。让品牌做起来，让农村美起来，让老百姓富起来。

【结束语】

美好的蓝图已经绘就，现代农业园区的发展之路就在我们的脚下。诚如四川省委书记彭清华在现场会上对四川农业的嘱托："建设现代农业园区大有可为，推动乡村振兴发展未来可期。"让我们共同努力，以现代农业园区建设为重点，加快构建现代农业"10+3"产业体系，推进农业农村现代化，持续擦亮四川农业大省金字招牌，为推动全省经济社会发展和治蜀兴川再上新台阶作出更大贡献。

沼气新革命

刊播：《四川日报》（2020年11月4日）
作者：史晓露

11月1日中午，南充市西充县仁和镇丹桂垭村，村民王茂琼打开燃气灶准备做午饭。淡蓝色的火焰，燃烧的是屋后沼气池产生的能源。

去年通了天然气后，丹桂垭村还在用沼气的只有王茂琼家。“用了10来年。”王茂琼说，她舍不得让沼气池荒废。“方便卫生又不花钱。”

像王茂琼这般“守旧”的人并不多。四川省户用沼气池保有量555万口，居全国第一，但据不完全统计，40%以上已废弃闲置。去年以来，西充县等8个县（市、区）开展了农村沼气池户厕改造（即“沼改厕”）试点，意欲盘活这些“沉睡的资产”。

名副其实的沼气“第一省”

环保作用大、经济效益显，四川沼气池保有量达555万口

“进去的是粪污，出来的是能源。”说起屋后这口沼气池，王茂琼连连称赞。

以前，丹桂垭村主要烧秸秆和木柴。“家家户户用柴火灶，全家老小都要上山打柴。”在村民冯洋的记忆里，山上常是光秃秃的。

对比之下，一口8立方米左右的沼气池，可年产沼气450立方米，折合标准煤350千克，相当于薪柴约1 760千克。推广使用沼气，可缓解过度砍伐薪柴带来的生态环境压力，还可用于发电。从20世纪60年代开始，沼气成为农村能源替代的主要选项。四川一度成为全国农村能源替代的标杆省份，

兄弟省市前来考察学习者络绎不绝。

20世纪末至21世纪前10年，随着天然林资源保护工程、退耕还林工程和西部大开发战略的陆续落地实施，沼气建设再次加码。四川也先后认定一批沼气化市、县，西充县就是其中之一。

“一口沼气池补贴1 800元左右，修建的成本就有了。”西充县农村能源服务中心主任刘梓益说，彼时沼气的环保内涵再次延伸——一口沼气池每年可减少2吨二氧化碳排放量。

2008年，丹桂垭村作为沼气项目实施村，家家户户兴建起沼气池。“苕藤、猪粪等都倒进沼气池，房前屋后少了粪堆和柴堆。”68岁的村民冯文波说。

沼气的经济效益也十分突出。据专家测算，一口8立方米的沼气池年节省460元以上的燃料费，1年产生的沼渣、沼液能满足2亩地的用肥需要。

“最高峰时全县有近1万口沼气池。”刘梓益说，全县农村人口也不过12万户。

四川省农村能源办公室相关负责人介绍，四川沼气池保有量攀升至555万口，位居全国第1，“沼气标杆省”名副其实。

超四成沼气池“睡”了

一方面农村生产生活方式转变，一方面沼气使用缺陷显现

“这两年，村里的沼气池基本没人用了。”谈到现状，王茂琼摆了摆手。

从家家户户兴建，到大多数被闲置，不过10多年。背后的原因，既有农村生产生活方式的转变，也有沼气自身的短板。

近年来，丹桂垭村村民大量外出务工，家畜养殖量锐减，沼气原料出现短缺。记者在丹桂垭村采访时，很少看到畜禽养殖。没有了畜禽粪便，沼气池“无米下锅”。

此外，长期以来难以解决的沼气安全隐患和维护难题，也让不少用户望而却步。在丹桂垭村，即便是用了10多年的农户，也只能请专业人员清理沼气池。“否则废料堆积，会影响产气。自己掏，又怕不安全。”王茂琼说。

随着农村经济社会发展，电、天然气等能源越发普及，沼气产量不稳等

短板凸显。一般而言，气温在15℃下时沼气产量最高；在0℃下则沼气产量锐减。王茂琼深有体会："冬天产气少，只能煮一顿饭。"现在，她家在冬季改用天然气。

"全县户用沼气池先后报废近3 500口，现有6 500余口，正常使用仅200余口。"刘梓益给出了全县沼气实际使用率——3%上下。

放眼全省，西充并非个例。四川省农村能源办公室相关负责人坦言，从全省来看，农村户用沼气池存量大、废弃率高，闲置率超四成。

沼气池生机再现

"厕所革命"中，"沼改厕"成为简单实用的粪污处理方式，已在8县（市、区）试点

"苍蝇蚊子不再乱飞了。"丹桂垭村村民冯文波没想到，与自家厕所连通后，屋后荒废多年的沼气池"重生"了，功能也不再只是"点灯做饭"。

2018年，四川省启动农村人居环境整治三年行动，"厕所革命"是重要内容。这也给了沼气"重生"的机遇，旱厕升级为冲水厕所，沼气池成为一种简单实用的粪污处理路径。

"在厕所改造中，基本都需要新建三格式化粪池。"四川省农村能源办公室相关负责人介绍，但是沼气池可以替代三格式化粪池，实现粪污无害化处理、资源化利用。具体来说，"粪污—沼气池—消纳利用"技术模式的最大亮点是厕所粪污由进料管汇集进入沼气池，经厌氧发酵处理后即可就近还田消纳利用。

在成本方面，与新建三格式化粪池相比，"沼改厕"模式更有优势。"沼改厕"只需进行沼气池清污维护、联通管道、厕屋改造3道工序，成本普遍在500～1 000元/户，仅为前者的1/3～1/2。

另外，"沼改厕"的治污效果更好。"户用沼气池的容量是三格式化粪池的4倍左右，储量大，粪污在沼气池中至少有30天的发酵期，处理效果更好。"成都市农林科学院农业生物环境与能源研究所所长孙家宾介绍。

去年，四川省先后在宜宾市江安县、南充市西充县等8个县（市、区）启动"沼改厕"试点，迄今共计投入资金200万元，实施4 000户，每户补贴

500元。今年7月，西充县在7个乡（镇）、38个村对500户实施“沼改厕”。

丹桂垭村50余户村民的沼气池被重新利用，成为粪污的收集处理中心。“这3块盖板，分别是进料口、发酵池和沼液储存池，盖板下面就是沼气池。”冯文波指着房屋一侧的沼气池说，现在厕所密闭起来，夏天也不臭了。

“实施‘沼改厕’，既盘活了沼气池存量资源，又助推了‘厕所革命’。”四川省农村能源办公室相关负责人表示，各试点县已初步总结形成了单户式、联户式、沼液节水回流式等5种技术模式，预计试点工作在11月底全面完成。

管护难仍是“拦路虎”

建立管护机制，用市场化措施实现日常管理

户用沼气池有了“重生”的希望，但四川省农业农村厅相关负责人坦言，恢复沼气池正常使用仍有很长的路要走：闲置沼气池存量大，平均每县保有量3万～4万口，但补助资金不足。“今年仅有200万元。”

在普通农户看来，还有一个难题需要解决：要有人清理才得行。冯文波仍然担心：沼渣、沼液的清掏清运由谁来做？

四川省农村能源办公室相关负责人坦言，从“点灯做饭”到转型解决厕所难题，沼气的新生之路上最大的“拦路虎”依然是管理之困。此前，四川省农村能源办公室在调研中发现，一些地方在“沼改厕”中，将生活污水、厕所粪污一并处理，加大了后续管护难度。

如何建立有效的管护机制？“我们正在以村为单位，成立村级人居环境整治管理机构，同时组建沼渣沼液运输合作社，招引‘服务公司’负责沼渣沼液清掏清运等工作。”刘梓益介绍，将构建配套的管理机制。初步设想，对户用沼气每月一巡查、半年一清掏、一年一检修。

“三分靠建、七分靠管。”孙家宾也认为，各地可成立专门的服务队伍，采取市场化措施实现沼气日常管理，推行有偿服务，由村集体每月收取一定的保洁费用或政府购买服务。

考虑到全省户用沼气池点多面广，孙家宾建议，可以进一步创新方式，将沼气池作为农村生活污水处理的前置预处理设施，在偏远山区还可以作为

农田灌溉的微型蓄水池，解决农田灌溉季节性缺水问题。

“‘沼改厕’只是最常见的沼气设施再利用方式。”四川省委农村工作领导小组相关负责人透露，除了继续扩大“沼改厕”实施范围外，四川省还将抓住厕所粪污源头处理和末端利用关键环节，实现厕所粪污无害化处理和资源化利用，促进现代循环农业发展。

2019年年末四川省村集体经济组织总收入130.38亿元

刊播：人民网（2020年11月6日）

作者：朱虹

5日，记者从四川省全面推进农村集体产权制度改革新闻发布会上获悉，在2015年试点基础上，四川省从2017年开始全面启动农村集体产权制度改革。2019年年末，全省村集体经济组织总收入130.38亿元，当年有经营收益的村27 745个，比2018年增加4 455个，其中当年经营收益在5万元以上的村5 055个，比2018年增加430个，成员从集体分红总额达1.76亿元。

农村集体产权制度改革是党中央、国务院作出的一项重大决策部署，是实施乡村振兴战略的重要抓手，对完善农村基本经营制度、保障农民权益、完善乡村治理、探索农村集体经济新的实现形式和运行机制具有重大意义。

据四川省农业农村厅总经济师廖蔚介绍，2017年9月，四川省委、省政府下发《关于稳步推进农村集体产权制度改革的实施意见》，明确了从2017年开始，按照时间服从质量的要求，用3年左右基本完成集体资产清产核资，用5年左右基本完成以经营性资产股份合作制改革为主的农村集体产权制度改革，逐步构建归属清晰、权能完整、流转顺畅、保护严格的中国特色社会主义农村集体产权制度。

目前，各项改革工作进展顺利，改革领导协调机制进一步健全，配套政策体系基本建立，试点范围扩大到全省，清产核资、成员身份确认、股份量化、建立组织、完善制度等各项重点工作有序推进并取得阶段性成效。41万个农村集体经济组织完成资产清理、权属确认和数据上报，150 299个农村集体经济组织完成改革，确认成员4 027万人，通过全国系统登记赋码建立集体经济组织33 822个，量化集体资产845.4亿元。

明确改革路径，确立集体经济组织市场主体地位

据四川省农村经营管理总站站长刘志跃介绍，通过试点，四川明确了改革路径，摸清了集体家底，确立了集体经济组织市场主体地位，取得一批可复制、可借鉴的经验。

在摸清集体家底方面，四川按时保质完成全省集体资产清产核资，41万个农村集体经济组织摸清了集体资产底数，明确了资产归属，建立了登记、保管、使用、处置等制度，汇总形成全国集体资产数据库，为全面规范集体资产管理、发展新型集体经济奠定了基础。刘志跃说，依据相关法律政策，四川还建立了登记赋码制度，确立集体经济组织法人地位。通过建立成员（代表）大会、理事会、监事会“三会”分设及其相关制度，完善了治理机制；通过发挥集体在资产管理等方面的功能作用，引领成员探索壮大集体经济，切实保障农民物质利益和民主权利。“目前，四川形成一批可学习、可借鉴的改革经验，有效推进全省改革。在推进改革的同时，一些地方在集体经济发展、集体资产管理等方面进行了积极探索。目前四川已经把这些经验和模式吸纳进培育壮大村集体经济工作方案。”

持续加大推进力度，确保改革圆满收官

记者从会上了解到，下一步四川将持续加大推进力度，确保改革圆满收官，具体包括全面推进改革试点、持续加强农村集体资产管理、探索新型集体经济发展路径以及推动地方立法4个方面的工作。按照省委农村工作领导小组印发的《四川省农村集体产权制度改革试点方案》精神，指导各地全面推进改革，确保全省于明年10月底按期保质完成各项改革任务。

在推动地方立法方面，四川围绕农村集体经济组织、成员、内部治理机制和管理运行等关键问题开展立法调研，为出台《四川农村集体经济组织条例》做好准备，为国家立法贡献地方经验。

关于集体经济组织立法的问题，记者从会上进一步了解到，今年以来，四川省农业农村厅深入贯彻省委1号文件和省委十一届六次全会精神，赴成

都、宜宾、巴中、南充等地开展立法调研，并对前期报送的《四川省农村集体经济组织条例》进行补充完善，同时已正式上报2021年立法规划项目。下一步将按照省人大和司法厅立法规划和要求，继续开展相关调研，积极推动地方立法进程。

擦亮农业大省金字招牌

刊播：《瞭望》（2020年11月21日）
作者：任硌　高健钧　卢宥伊

久负“天府之国”盛名的四川是我国农业大省，农业占比大、农村人口多。

“四川农业是全国农业的缩影，存在区域发展不平衡、产业链不完善、农产品市场竞争力参差不齐、机械化程度高低不等等问题。”采访中，从专家到企业到农户，都对此感受强烈。

党的十八大以来，习近平总书记多次对四川“三农”工作作出重要指示。如何牢记嘱托把农业产业做强、把金字招牌擦亮，事关四川打赢脱贫攻坚战、实现乡村振兴、全面建成小康社会任务的如期完成。

10张小牌让金字招牌“亮”起来

四川历来享有“川猪安天下”的美誉。作为生猪养殖第一大省，四川生猪出栏量长期保持全国第1，有国家生猪调出大县63个，川藏黑猪、内江猪等9个地方特色生猪品种品牌享誉省内外。2018年，全省出栏生猪6 638.3万头，猪肉产量481.2万吨，均居全国第1。

四川自古就是国家重要粮仓，是全国13个粮食主产省份之一和西部唯一主产省份，马铃薯、甘薯、油菜籽产量长期保持全国第1，有国家级产粮大县74个，近年来全省粮食总产量保持在700亿斤左右。

农业大省并非徒有虚名，四川有25种农产品产量位居全国第1。受品牌打造缺失等多种原因影响，长期以来四川优质农产品并不广为人知，藏在深闺无人识，擦亮金字招牌的任务艰巨。

入秋后，四川各地的农业生产正忙而有序地进行。

在川东宣汉县大成镇瓦窑村，工人们正在一座占地25亩的新建标准化养牛场里忙碌，新建的6 000平方米牛舍可养殖肉牛1 000余头，每年可收购周边200余户农户的玉米秸秆2 000吨以上，带动农户增收150万元。

“四川牛存栏量长期保持全国第1，而宣汉县是四川省农区养牛第一大县，与四川省畜牧科学研究院历经30余年培育而成的乳肉兼用型牛新品种‘蜀宣花牛’，荣获神农中华农业科技奖一等奖。”宣汉县委书记唐廷教介绍，2019年全县存栏牛16.13万头，其中蜀宣花牛存栏9.5万头，牛肉产量1.09万吨，牛业产值9.5亿元。

四川省达州市宣汉县蜀宣花牛养殖场（5月16日）（刘坤摄）

记者注意到，宣汉县正按照四川省委部署，在擦亮农业金字招牌上下功夫，已注册“蜀宣花牛”工商地理标志证明商标和“宣汉肉牛”国家地理标志，举办了第11届中国牛业发展大会。蜀宣花牛已成为“川字号”特色金字招牌，形成了立足四川、面向西南、辐射全国的产业发展格局。

近年来，四川省始终把“三农”工作作为治蜀兴川的要务，把发展现代农业作为“三农”工作的重中之重。

2019年，四川省委、省政府出台《关于加快建设现代农业“10+3”产业体系推进农业大省向农业强省跨越的意见》，进一步明确了推动川粮油、川猪、川茶、川菜、川酒、川竹、川果、川药、川牛羊、川鱼十大优势特色产业全产业链融合发展，夯实现代农业种业、现代农业装备、现代农业烘干冷链物流三大先导性产业支撑。

四川省农业农村厅厅长杨秀彬说，四川提出到2022年，全省第一产业增加值达到5 100亿元左右，年均增长3.6%左右；农村居民人均可支配收入达到1.9万元左右，年均增长9%左右；涉农地区生产总值达到1.33万亿元；全省农业科技进步贡献率达到62%。

把农业大省金字招牌擦亮变为现实，已成为四川各级党委政府、企业以及农村群众的内生动力和努力方向。而现代农业十大特色产业就是10张“小牌”，把小牌一张张打好，农业大省的金字招牌就亮起来了。

2019年，四川省粮食和物资储备局携菜油加工企业在北京、上海、杭州等地连续举办多场“天府菜油，香飘九州”专题推介会。地方政府想方设法宣传农业品牌，为优质农产品“带货”，四川不是第一家，但是最卖力的之一。

四川省粮食和物资储备局局长张丽萍介绍，四川是全国油菜籽生产和消费大省，产销量全国第1。为此，四川组织省内骨干油脂企业、科研院所、销售终端成立产业创新联盟，构建起市场需求与企业生产的桥梁纽带；制定了“天府菜油”团体标准体系；加快品牌创设，力争把“天府菜油”建成全国菜籽油第一品牌，推进粮油产业高层次、高质量发展，推动四川从农业大省向农业强省跨越。

园区引领农业产业“活”起来

建成和创建11个国家级产业园，首批认定省级星级现代农业园区35个，累计建成各级园区948个……四川正加快构建以国家级园区为龙头、省级园区为骨干、市（县）级园区为基础的梯次推进体系。

如果说十大“川字号”特色产业是10张小牌，那么构建农业产业园区就是打赢农业产业发展牌局的方法。

尤其在今年新冠疫情发生后，农业发展更需要一个切实的抓手，一个“牛鼻子”。针对在常态化疫情防控中推进经济社会发展的新形势，四川鲜明提出“农业多贡献”，稳住农业基本盘，加快推进现代农业园区建设。

“经过5～8年的努力，实现我省现代农业综合水平显著提升，整体实力迈入全国第一方阵。”四川省委书记彭清华在全省现代农业园区建设现场会上指出，要高质量、高标准建设现代农业园区，做大、擦亮四川农业大省金字招牌。

一边防控疫情一边忙碌，是四川省眉山市东坡区大当家蔬菜专业合作社理事长向峰和当地150多户农户今年的状态。合作社750余亩地里的青菜、萝卜、大头菜等泡菜原料迎来采收季。“订单、价格在种之前就谈好了，也收了保证金，以保证农民的收益，采摘之后直接送到加工厂。”向峰说。

几个月前向大当家蔬菜专业合作社下订单的四川老坛子食品有限公司，距离向峰的合作社仅2千米。收到这批蔬菜后，他们立即将新鲜的蔬菜“下坛”，1个月后即可进行加工包装，销往国内外。

在四川省眉山东坡区的泡菜产业园，12个乡（镇）123个村、近12万户农民、890余个合作社及家庭农场等新经济体、16万亩泡菜原料基地，以及64家泡菜加工企业，形成了完整的种、产、销产业链。

“2019年，东坡泡菜产业实现销售收入185.6亿元，占据四川1/2和全国1/3市场份额。经过多年培育，随着产业园区的发展，东坡泡菜产业实现了由小作坊生产到规模化生产，到标准化生产，再到现代化生产的‘三级跳’，小泡菜做成了大产业、大基地、大品牌、大市场。”东坡区政府负责人介绍，产业园区还建成占地620亩的泡菜文化长廊、泡菜博物馆等，建设了产业研究院，打造园区产学研科技联合体，目前园区企业依托四川东坡中国泡菜产业技术研究院新建成联合实验室3个、示范线2条。

四川省农业农村厅副厅长毛业雄说，提升农业产业价值，关键要将农业产业充分激活，打造完善的农业产业链，加快推进一、二、三产业的深度融合。

“四川积极推动现代农业园区建设，围绕‘10+3’产业体系的川粮油、川菜等十大优势特色产业，出台了《四川省现代农业园区建设考评激励方案》，打破产业与行政限制，推进‘园区＋城市’‘园区＋新村’‘园区＋基地’等发展模式。”毛业雄说。

各级园区积极招引农业产业化龙头企业，其中国家级和省级企业503家；带动建成农民合作社1.57万家，家庭农场1.37万家，正在成为农村“双创”的重要孵化器。

“2020年，四川安排61个培育园区，其中粮油园区达15个，占总数的25%。每个园区安排1 000万元分产业进行为期1年的培育，待培育期满，符合条件的园区将优先认定为省级园区。”杨秀彬说。

杨秀彬介绍，四川将坚持农业农村优先发展总方针，念好“优、绿、特、强、新、实”六字经，以现代农业园区为引领，推进十大优势特色产业全产业链融合发展，夯实三大先导性产业支撑，与产业扶贫紧密结合，培育形成特色鲜明、结构合理、链条完整、全国领先的“10+3”现代农业生产体系、产业体系、经营体系、服务体系，加快建设农业强省。“我们努力奋斗，实现目标可期。”

借力科技让农业生产技术“新”起来

3月12日，在四川省中江县南华镇一望无垠的油菜地上空，7架无人机在徐洋等专业飞手的操作下，正在给油菜洒药。

“无人机喷洒作业，与传统人工喷洒农药相比，效率提升50倍，每小时飞机作业面积可达60～80亩。全镇6 700亩油菜农药喷洒作业，无人机3天就可完成。”徐洋说。

今年春耕开始后，中江已组织9个植保社会化服务单位，出动植保无人机和作业人员，对全县10个乡（镇）9.6万亩油菜进行病虫害统防统治。同时兼顾全县小春作物病虫害防治，降低病虫害带来的损失，稳定粮油产量。

在线农技指导、植保无人机、多光谱照相机……四川春耕期间，新鲜的科技手段越来越多，并在农户中逐渐普及，成为农业生产的常用工具。

为推动农业生产技术快速发展，2019年四川启动科技创新引领行动，不断完善农业科技创新体系和优势特色农业产业技术体系，实施农业机械化和信息技术创新工程。围绕主导产业，推进农业信息智能化，集成农业智联网、农业大数据、农业云服务等信息技术。

农业科技迸发出活力，一方面是政府政策支持，农户积极响应；一方面是农业企业将农业技术作为转型升级的重要支撑。

在四川省遂宁市船山区桂花镇漆家桥村的一个缓坡上，塔吊林立，齐全农牧集团建设的一栋可存栏种猪6 000头的5层立体养猪场十分显眼。

“科技的重要性在农业生产中体现得愈发明显，对推动规模化生产起到重要作用。”齐全农牧集团董事长童其权说，养猪场在今年6月正式投用，在节约用地的同时，建立猪业产业链大数据平台，实现饲料生产、养殖等业务的一体化运营，并通过空气自动循环和净化处理，有效解决环保及有害气体排放问题。

因地制宜让农村资源“动”起来

“要让四川农业更好、更快发展，急需盘活四川农业各类资源，尤其是闲置资源。”杨秀彬说，四川地貌复杂，丘陵、山地多，许多农业生产存在小、乱、散的问题，如何把这些资源整合优化，提升比较效益，是推动四川农业产业发展的关键。

四川省乐至县凉水乡三河咀村的一条沟壑中有一条“绿带”，这是连片的稻田。三河咀村党支部书记李元俊介绍，这些田块足有120亩，之前全部是撂荒地。“大部分村民外出务工，村里275亩田，撂荒地一度超过200亩。”

了解到“代耕代种”政策后，三河咀村决定以此探索盘活这些土地资源。村里请来施工队，用挖掘机整理荒田。“机器进入田里，完全被几米高的茅草淹没，看不到在哪里。”李元俊说，到了今年插秧季节，村组党员干部撸起袖子、挽起裤管一起忙活，热闹不已。

“村集体代耕代种不影响土地性质，不仅能解决土地撂荒问题，还能发展村集体经济。”凉水乡乡长蒋合文给记者算了一笔账：1亩田种植水稻成本在600元左右，产值能达到1 600元。如果发展稻渔等综合立体农业，产值将更加可观。三河咀村整理120亩田共耗费30万元，但3年后就能回本，并走上盈利的路子。

蒋合文说，村里的贫困户在村集体代耕代种的田块里干活，每天有30元补助，他们自己的荒地交给集体，每年每亩能获得300斤黄谷。“这就同时解决了土地撂荒问题和村民的后顾之忧。”

四川省中江县这两年则将土地难连成片的山区作为探索样本，统一规划土地资源，将附加值大的油菜种植作为重点农业产业发展。目前，全县99%的农户开始种植油菜，面积达43.94万亩，其中利用山坡地18.6万亩。12家粮油企业充分依托和发挥中江县优质油菜基地的优势，形成集压榨、浸出、精炼、调和、吹塑、包装于一体，涵盖仓储、加工、配送物流、采购分销、科研检测的粮油产业园，部分生产线实现智能化，大大提升了生产效益。

记者在中江县获悉，由本土企业四川德阳市年丰食品有限公司创立的“纯乡”菜油品牌获评“四川名牌产品”，年加工油菜籽10万余吨，产品已走进四川最大的连锁超市——红旗连锁超市。

四川乡村振兴如何考核？检查组专拉村民话家常

刊播：《四川日报》（2020年12月2日）

作者：史晓露

“考评激励是在全省范围内优中选优，最终评选的结果要让大家服气。”近日，在四川2020年度实施乡村振兴战略先进县乡村等4项考评激励工作动员培训会上，四川省委农办主任、省农业农村厅厅长杨秀彬表示。

11月中旬以来，四川全面开展2020年度乡村振兴战略先进县乡村、省星级现代农业园区、农民增收书记县长负责制、农村改革4项考评激励工作，发挥考核认定的“指挥棒”作用。

考什么？如何考？怎么用好“指挥棒”？近日，记者跟随考评组实地了解情况。

看现场

市州交叉检查，避开村领导随机走访

“老乡，你家里有几口人？有几人做活路？”11月24日上午，乡村振兴考评交叉检查第14组来到彭州市葛仙山镇熙玉村，考评组成员、四川农业大学新农村发展研究院高级农技师任云海路过一处果园时，和村民打起招呼。

村民刘光文正在地里给梨树修枝。“家里4口人，现在就靠这10亩果树挣钱，1年有10多万元，不用出去打工了。”

村民邓月从旁路过，也被任云海叫住。“我们全家老小7口人都住在屋头，家里办起农家乐，现在都是城里人往我们这儿跑。”邓月今年28岁，愿意留在乡村，“村里山清水秀、环境整洁，每年3—8月是旅游旺季，1年下

乡村振兴考评交叉检查第14组在彭州市葛仙山镇熙玉村入户走访（史晓露摄）

来，靠农家乐和果园有近30万元的收入。”

任云海一边听，一边用笔在表格上填写勾画。农村产业、村民收入、乡村环境都是这次考核的重要指标。他和广安市委农办（全称广安市委农村工作领导小组办公室）、四川省自然资源厅等部门人员组成的检查组入户走访、交流座谈、查阅资料、实地检查……“问也有技巧，要避开村上的领导，随机单独和农民沟通。”任云海说。

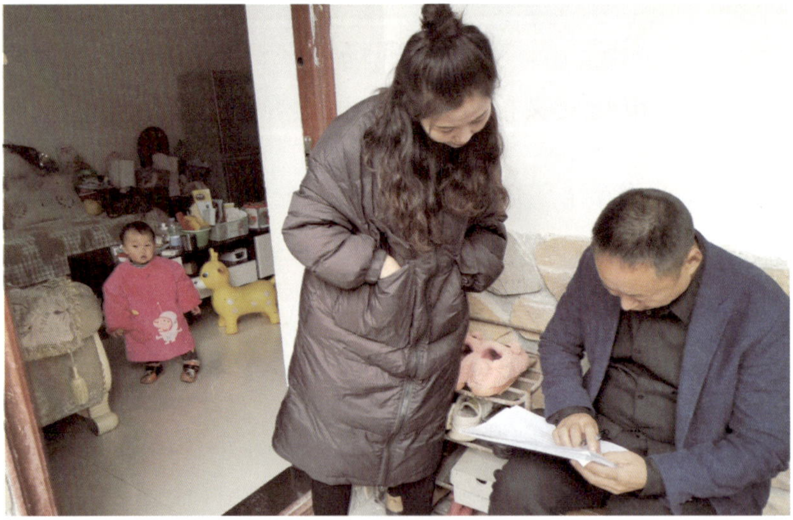

乡村振兴考评交叉检查第14组在彭州市桂花镇金城社区入户走访（史晓露摄）

乡村振兴战略先进县乡村考评是此次的考评重点之一。今年的考评工作既要对申报创建2020年度省级先进的县（市、区）、乡（镇）、村开展检查，也要对2019年度获评的10个先进县（市、区）开展“回头看”。

检查组按照县（市、区）、乡（镇）和村分为三大类考评，每类考评又细分为农业产业、宜居乡村、乡风文明、基层治理、生活水平五大类指标。“去年是在片区内部交叉考评，今年是各市、州拉通考评，让考核更加公平公正。”四川省委农办相关负责人表示。

找差距

既要拉通互考也要自查，对标学习补短板

1周内，交叉检查第14组走访了成都5个县（市、区）、5个乡（镇、街道）、51个村，不少检查组成员感叹工作量非常大。“吃饭时都在交接工作。”

乡村振兴考评交叉检查第1组在泸州市合江县白米镇查看稻渔综合种养和“巴蜀鱼米之乡”产业发展情况（杜星亿摄）

广安市委农办主任、市农业农村局党组书记刘健坦言收获颇丰。“考评也是一种学习交流，成都作为发达地区，不仅推进力度大，而且有很好的利益联结机制。”刘健说，“把村里的‘死资产’变成‘活资产’，给老百姓带来收益的做法值得学习和研究。”

在全省范围内开展的考核也是一次拉练学习，不仅互考，也有自查。随着乡村振兴战略先进县乡村交叉检查紧锣密鼓地进行，各市、州的省星级现代农业园区自查工作也全面铺开。

省星级现代农业园区考评按照自查申报、推荐上报、统计监测、交叉检查、综合评分和抽查复核6个程序进行。今年既要对被纳入省级培育名单的园区进行考核，也要对去年获评的星级园区进行考核，共有135个现代农业园区被纳入考评。

日前，四川修订了省现代农业园区认定评分标准，增加了与川粮油、川猪、川茶等十大优势特色产业的对接力度考核，新增了农产品质量和保障措施两个大项考核，并提高了设施装备的评分比重，优化了考核指标。

“考核将对照新标准进行，通过自查补齐短板。”四川省农业农村厅相关负责人表示，质量是“川字号”农产品做强做优做大的前提和基础，而强调保障措施更能调动各地建设现代农业园区的积极性，提高设施装备评分比重则是着眼于补齐四川冷链物流、农机农具等配套短板。

促提升

几类情形一票否决，用好考核“指挥棒”

4项考评工作将于2021年1月中旬前完成。

“考评激励工作是在全省范围内优中选优，像乡村振兴战略先进县每年只评选10个，5年也仅评选50个，不到全省涉农县的1/3。”杨秀彬表示。

出现4类情形将实行一票否决，包括：党管农村工作的组织体系不健全，县、乡党委政府主要负责人未落实乡村振兴责任制的；粮食播种面积和粮食产量、生猪生产、高标准农田建设任务没有完成的；瞒报动植物疫情造成影响后果的；统计监测数据造假的县（市、区）以及毒品问题严重地区。

以考促改，以评促学。在乡村振兴考评交叉检查第7组成员、西南科技大学副教授王德平看来，四川通过考核工作推进乡村振兴落实落地的做法值得肯定。“四川已是第2年开展考核评估，在推进乡村振兴工作方面抓得比较早、比较实，各地涌现了很多典型经验和亮点做法，特别是在明确主导产业、促进农民增收方面下了很大功夫。”

乡村振兴考评交叉检查第1组在泸州市合江县荔江镇查看乡村振兴战略先进镇创建情况（杜星亿摄）

四川将通过考评评选出10个乡村振兴战略先进县（市、区）、50个先进乡（镇）和500个示范村，分别给予6 000万元、500万元、60万元一次性财政奖补资金，并在土地保障、项目安排、干部人才使用等方面给予倾斜；对于评选出的五星级、四星级、三星级现代农业园区，分别给予2 000万元、1 500万元、1 000万元一次性财政奖补资金。“要让评选出的先进单位充分发挥典型示范带动作用，进一步激发各方参与乡村振兴的积极性和主动性。”四川省委农办相关负责人表示。

四川崇州：乡村治理“减”掉了痛点，“加”出了振兴

刊播：新华每日电讯（2020年12月3日）

作者：董小红　吴晓

“郡县治，天下安；乡村治，百姓安。”乡村治理是国家治理的基石。四川省崇州市围绕破解乡村治理难题，探索构建了“产业功能区＋镇街＋社区工作站＋村”的工作体系，减掉了痛点，加出了振兴。

“功能区不是简单的园区”

2017年7月，成都市决定统筹布局建设66个产业功能区。崇州在都市农业产业功能区建设取得发展的同时，也面临着痛点：功能区建设空间不足、主导产业链条较短、缺乏产业化龙头带动等。进一步推进乡村治理创新，完善乡村治理体系，提高乡村治理现代化水平成为摆在眼前的难题。

2019年，崇州被确定为全国首批乡村治理体系建设试点县。1年来，崇州针对乡村治理事权不清、职能错位等难题，构建了“产业功能区＋镇街＋社区工作站＋村”的新型乡村治理体系。

“乡村治理最终的落脚点和防护墙在乡镇、街道、村社区，崇州在成都率先成立农业主体功能区、产业功能区，围绕功能区进行剥离、归位和下沉。”崇州市委常委王成龙介绍，崇州市把乡镇、街道、村社区主抓经济的职能剥离到产业功能区管理委员会；把公共服务和社会管理的职能归到镇街和村社区；把部门该有的行政审批职能下沉到管理委员会、镇街和村社区。

“管委会不是‘第二政府’，功能区不是简单的园区。”王成龙说，根据区域资源禀赋、业态特点进行产业发展、规划建设和招商引资，避免乡镇各

自建设导致资源配置不合理等问题。同时，打造15分钟公共服务圈，乡村治理去行政化，提升了基层的治理能力。

目前，崇州市已将原有25个乡（镇、街道）调整为15个，253个村（社区）调整为172个，设置社区工作站11个、审批服务中心15个、农业综合服务中心13个，整合下沉175项政务服务事项。

农民变工人，田地变景区

雾气缭绕的湖边，错落有致地矗立着白色帐篷式火锅包间，夜幕降临，灯光秀把天空染得五彩斑斓。作为曾经的相对贫困村，崇州市白头镇大雨村以林盘为依托，打造出田园综合体项目——“鲜道·幸福里”，成为当地“网红打卡点”。

林盘是乡村院落与周边高大乔木、竹林、河流及外围耕地等自然环境有机融合形成的田间绿岛，是四川乡村特有的一种居住模式。大雨村现存川西林盘20个，其中保护性林盘9个，面积180亩。根据现有资源状况，大雨村结合农业功能区总体规划和白头镇镇域规划，编制了产业发展方案。

农民变产业工人，林盘田地变景区。大雨村通过引导群众参与、统筹产业项目、注入社会资本等方式，在聚焦林盘等“末端”治理的基础上，实践出“融资造血”集体经济发展模式。2019年，白头镇大雨村实现全村集体经济组织增收11万元，户均增收3 000余元。

2019年，崇州农村居民人均可支配收入达到23 625元，城乡收入结构比1∶1.65，被评为四川省增加农民财产性收入试点县。

探索基层治理的“群众路线”

从原来的“成都市100个相对贫困村”变成如今的“全国最美休闲乡村”，白头镇五星村完成了蝶变。2012年以来，五星村将居民集中居住点与生态景观打造相结合，打造“生态湿地、健康食地”。目前全村民宿客房达200余间，2019年客房入住率平均达到70%以上。

“以前村里垃圾乱堆乱放的现象很严重，现在村民都自觉维护公共环境卫生。发展民宿接待之后，环境与他们的收入就息息相关了。”五星村党委书记高志伟介绍，五星村让村民主动参与乡村治理工作，以自身的实际行动推动乡村治理高效进行。

五星村还定期举行“五星好家庭”和“最美微田园”评比活动，激发群众参与治理的内生动力，破解了新村绿化面积大、前期投入高、后期维护难的课题。

“以往城乡之间在公共服务和社会保障等方面存在一定差距，而崇州在社区工作等方面的探索正逐步缩小差距。”四川农业大学管理学院教授张社梅表示。

四川农业大学管理学院教授王运陈认为，崇州的乡村治理模式是一个既符合政策要求，又具有实践基础，更契合民心所向的乡村治理新模式，具有较高的可借鉴价值。

农村防疫宣传快板

刊播：四川广播电视台乡村频道　四川新闻广播（2020年12月13日）
作者：四川省农业宣传中心　四川广播电视台乡村频道

农民朋友听我说
元旦春节已临近
人居环境要干净
厕所污水和垃圾
定期处理须记清
随地吐痰遭人厌
饮食卫生好习惯
冷链食品戴手套
生熟分开是妙招
坝坝宴请莫要吃
公筷分餐好方式

新冠病毒不可怕
就怕大家不听话
发现病例不要慌
抗疫指南把你帮
防控措施千万条
戴好口罩第一条
不往人多地方挤
保持一米多距离

经常洗手要记牢
时长至少二十秒
每天通风两三次
每次最好半小时
官方消息常刷新
信谣传谣乱人心
去过疫区要报告
核酸检测少不了
发烧咳嗽急就医
出现症状需隔离
公众场合守礼仪
居家过节不聚集

听从政府不添乱
抓了防疫忙生产
粮食种植莫拖延
地膜种子须备全

粮食种植莫拖延

生猪养殖跨全年
猪瘟防控多根弦
麻将可以少打点
加强锻炼人不闲
冬季干燥要防火
包包鼓了要防盗
健康安全把年过
幸福美好新生活

鸣笛！1月1日零时起长江“十年禁渔”

刊播：四川广播电视台《四川新闻》（2020年12月31日）
作者：李默　石有界

长江“十年禁渔”迎来历史性时刻。1月1日0时起，长江重点水域“十年禁渔”正式启动。

今天，长江流域沿江14个省（自治区、直辖市）同步举行长江流域重点水域“十年禁渔”启动活动，此次活动主会场设在湖北武汉，四川省在资阳市雁江区设立分会场。长江流域重点水域“十年禁渔”时间为：2021年1月1日0时至2030年12月31日24时。

四川省设定的禁捕范围包括：长江流域四川境内45个水生生物保护区所在河流及其一级支流；四川境内长江干流及其一级支流和岷江、沱江、赤水河、嘉陵江、大渡河干流及其一级支流。

“十年禁渔”期间，四川省将开展联合执法行动，在沿江进行常态化检查。

四川省公安厅治安总队副总队长颜润：“我们将坚持零容忍态度，欢迎广大人民群众参与到护渔行动中来，积极向我们公安机关举报涉渔的违法犯罪线索。”

截至目前，全省10 257艘渔船、16 480名渔民已经全部退捕上岸。所有上岸渔民中有13 000多人已实现转产就业，完成养老保险“该参保的全参保”任务。下一步，将进一步提升渔民转产安置精准性，打好就业帮扶组合拳。

四川省农业农村厅综合执法监督局局长牟登育：“我们将利用退捕渔民熟悉水情的优势，在所有禁捕水域组建巡护队伍，协助执法人员对全流域禁捕水域进行全天候的巡护。”

图书在版编目（CIP）数据

四川三农新闻作品选：2019—2020 / 四川省农业宣传中心编. -- 北京 ：中国农业出版社，2021.3
ISBN 978-7-109-28951-2

Ⅰ.①四… Ⅱ.①四… Ⅲ.①地方农业经济－新闻公报－汇编－四川 Ⅳ.①F327.71

中国版本图书馆CIP数据核字(2021)第241529号

中国农业出版社出版
地址：北京市朝阳区麦子店街18号楼
邮编：100125
责任编辑：刁乾超　　文字编辑：孙蕴琪
版式设计：王　怡　　责任校对：吴丽婷　　责任印制：王　宏
印刷：中农印务有限公司
版次：2021年3月第1版
印次：2021年3月北京第1次印刷
发行：新华书店北京发行所
开本：700mm × 1000mm　1/16
印张：16.75
字数：248千字
定价：88.00元